Die besten
Küchentipps
aus Omas Zeiten

compact via

compact via ist ein Imprint der Compact Verlag GmbH

© Compact Verlag GmbH
Baierbrunner Straße 27, 81379 München
Ausgabe 2013

Chefredaktion: Dr. Matthias Feldbaum
Redaktion: Anja Fislage
Produktion: Johannes Buchmann
Abbildungen: mauritius images (10, 108, 172), Bettina Weisl (103, 130, 132, 150, 186, 192)
Titelabbildungen: StockFood (auch hinten), mauritius images (Oma)
Umschlaggestaltung: X-Design, München
Layout unter Verwendung grafischer Elemente von IMSI USA, Novato, CA

ISBN 978-3-8174-8979-4
381748979/1

www.compactverlag.de

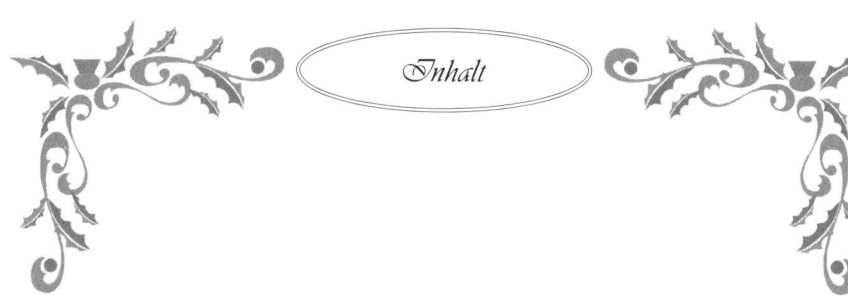

Inhalt

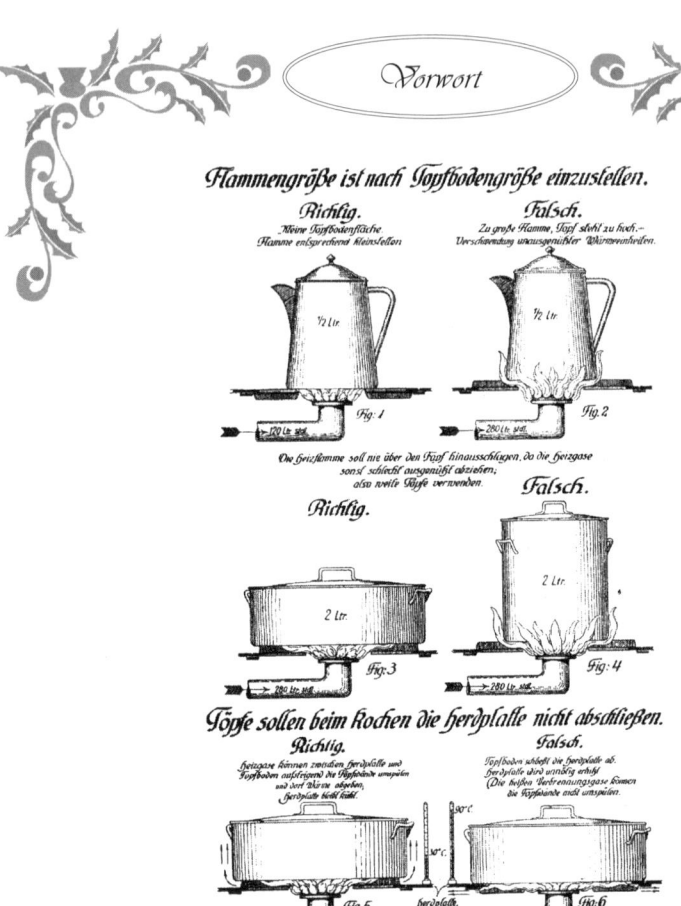

Flammengröße ist nach Topfbodengröße einzustellen.

Richtig.
Kleine Topfbodenfläche
Flamme entsprechend kleinstellen

Falsch.
Zu große Flamme, Topf steht zu hoch.–
Verschwendung unausgenützter Wärmeeinheiten.

½ Ltr.

½ Ltr.

Fig. 1

Fig. 2

Die Heizflamme soll nie über den Fuß hinausschlagen, da die Heizgase
sonst schlecht ausgenützt abziehen;
also weite Töpfe verwenden.

Richtig.

Falsch.

2 Ltr.

2 Ltr.

Fig. 3

Fig. 4

Töpfe sollen beim Kochen die Herdplatte nicht abschließen.

Richtig.
Heizgase können zwischen Herdplatte und
Topfboden aufsteigend die Topfwände umspülen
und dort Wärme abgeben.
Herdplatte bleibt kühl.

Falsch.
Topfboden schließt die Herdplatte ab.
Herdplatte wird unnötig erhitzt
(Die heißen Verbrennungsgase können
die Topfwände nicht umspülen)

90°C

90°C

Fig. 5

Herdplatte.

Fig. 6

(Siehe dagegen Figur 4)

Vorwort

Was tun, wenn die Suppe zu fett oder versalzen, das Fleisch
zäh, der Salat welk ist, die Spaghetti zusammenkleben und
das edle Soufflé zusammengefallen ist, das ganze Haus nach
Kohl stinkt, Ihre Hände nach Knoblauch riechen, Gäste vor
der Tür stehen und Ihnen einfällt, dass Ihre Kaffee- und Al-
koholvorräte zur Neige gehen?

Dieser Ratgeber hilft Ihnen dabei, die täglichen kleinen und
großen Probleme in der Küche zu meistern. Sie finden hier

Tipps und Ideen, wie misslungene Gerichte und nicht mehr ganz einwandfreie Lebensmittel doch noch zu verwenden sind und wie Sie solchen Pannen künftig vorbeugen können.

Außerdem zeigen Kniffe und Tricks, wie Sie sich das Arbeiten in der Küche und im Haushalt erleichtern können.

ERSTE-HILFE-SET FÜR DIE KÜCHE
Es ist nützlich, zum Improvisieren und zur Behebung von Küchenpannen einen Vorrat an bestimmten Lebensmitteln im Haus zu haben. Dazu gehören:

- 1 Päckchen geriebener Parmesan
- 1 Packung getrocknete Zwiebeln
- 1 Päckchen Vanillepuddingpulver
- 2 Dosen geschälte Tomaten
- je 1 Packung Sauce hollandaise und Béchamel
- 1 Packung Kartoffelbreiflocken
- 1 Fläschchen Zitronensaft
- 2 Päckchen Trockenhefe
- 1 Dose Pfirsichhälften
- getrocknete Steinpilze
- 1 Packung farblose Gelatine
- 1 Flasche Sherry
- 1 Flasche Amaretto
- 1 Becher H-Sahne
- 1 l H-Milch
- gekörnte Brühe
- 1 Glas Geflügelfond
- 1 Glas Hühnerbrühe
- Knoblauchsalz
- Sojasoße

Mit diesem Erste-Hilfe-Set lassen sich viele Küchenpannen fantasievoll beheben.

Küchentipps
von A bis Z

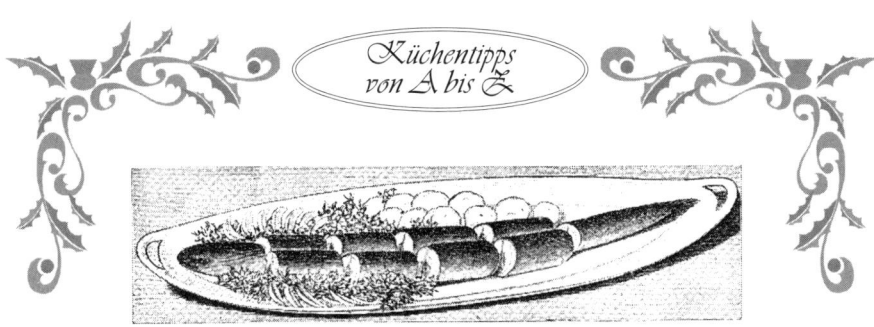

Aal

Aal häutet man am besten so: Wenn man ihn mit grobem Salz einreibt, hat man ihn fest im Griff. Zuerst die Flossen abschneiden und die Haut hinter dem Kopf quer einschneiden. Dann rundherum vom Fisch lösen und abziehen. Den Fisch dabei an einem Haken aufhängen, das erleichtert die Arbeit.

Alkohol

Ist nicht genug Alkohol im Haus und kommen Gäste, kann man improvisieren. Für eine Bowle kann man Fruchtsaft mit Mineralwasser und verschiedenen Alkoholresten wie Brandy, Rum, Wodka etc. mischen. Mit Zucker, Zitronensaft, Rosmarin oder Kardamom abschmecken. Soll der Alkohol nach dem Essen serviert werden, kann man Irish Coffee anbieten, für den nur ein Schuss Whisky nötig ist.

Ananas

DOSENANANAS
Ananas schmeckt nicht nach Dose, wenn man das Fruchtfleisch 30 Minuten in kaltes Wasser legt.

ANANAS SCHÄLEN
Ananas lässt sich leicht schälen, wenn man sie erst in Scheiben schneidet und dann Schale und Kern entfernt.

QUARKSPEISEN MIT ANANAS
Frische Quarkspeisen mit Ananas sofort servieren, da Ananas ein Eiweiß spaltendes Enzym enthält.

Unreife Ananas

Unreife Ananas reifen schneller, wenn sie in einer fest verschlossenen Papiertüte an einem warmen Ort gelagert werden. Die Früchte sind reif, wenn sich eines der mittleren Blätter leicht herausziehen lässt.

Anchovis

Anchovis aufbewahren

Werden Anchovis nicht gleich verwendet, mit Olivenöl bedeckt in einer Dose kühl aufbewahren.

Sossen mit Anchovis

Für Soßen, z. B. Spaghettisoße, das Öl der Anchovis aus der Dose mitverwenden.

Versalzene Anchovis

Sind die Anchovis zu salzig, diese etwa 10 Minuten in klares Wasser legen. Dann mit Küchenpapier abtupfen.

Zu wenig Anchovis im Haus

Hat man nicht genug Anchovis, bei Salaten das Öl aus der Dose dazugeben. Das verstärkt den Eigengeschmack.

Äpfel

Ausgetrocknete Äpfel

Ausgetrocknete Äpfel in Stücke schneiden und mit Apfelmost besprengen. Dann werden sie wieder aromatisch.

Apfelkompott

Apfelkompott schmeckt besonders aromatisch, wenn man eine Quitte darunterschneidet und mitkocht.

Apfelkuchen

Apfelkuchen wird beim Backen nicht braun, wenn man die Äpfel mit etwas Zitronensaft beträufelt.

APFELMUS

Apfelmus brennt beim Kochen nicht an, wenn die Äpfel mit kaltem Wasser angesetzt werden. Beim Kochen nicht unterrühren.

APFELSTRUDEL

Die Füllung von Apfelstrudel schmeckt interessanter, wenn man Quitten unter die Äpfel mischt.

ÄPFEL LAGERN

Äpfel, die nur kurz aufgehoben werden sollen, werden am besten in Plastikbeuteln mit Löchern gelagert. Sollen Äpfel länger lagern, werden sie optimalerweise so gelegt, dass sie sich nicht berühren.

ÄPFEL SCHÄLEN

Beim Schälen von Äpfeln geht viel kostbares Fruchtfleisch verloren. Deshalb die Äpfel kurz vor dem Schälen in kochendes Salzwasser tauchen, dann löst sich die Schale wie von selbst.

GEKOCHTE ÄPFEL

Äpfel schmecken gekocht würziger, wenn sie mit etwas Ingwer, Muskatblüte, Zimt oder unbehandelter Zitronenschale aromatisiert werden.
Eine andere Möglichkeit ist, den gekochten Äpfeln 1 Schuss frisch gepressten Zitronensaft unterzumischen.

MEHLIGE ÄPFEL

Mehlige Äpfel eignen sich nur noch für die Herstellung von Apfelmus.

REICHE APFELERNTE

Gibt es eine reiche Apfelernte, Äpfel zu Mus, Kompott, Gelee und Saft verarbeiten.

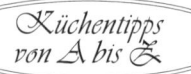
ROHE ÄPFEL

Rohe Äpfel verfärben sich braun, wenn ihr Fruchtfleisch mit Luft in Berührung kommt. Deshalb sofort nach dem Schälen und Zerkleinern mit Zitronensaft beträufeln. Ersatzweise eignet sich auch Ananassaft. Ist das Fruchtfleisch bereits dunkel, verfärbte Stellen abschneiden.

ZU WENIG ÄPFEL IM HAUS

Hat man zu wenig Äpfel im Haus, kann man sie auf verschiedene Weise strecken. Sollen sie zu einem Fleischgericht serviert werden, streckt man sie mit geviertelten Zwiebeln, die man vorher etwa 10 Minuten mit etwas Butter weich dünstet. Nach Belieben 1 Handvoll Rosinen dazugeben.

Apfelsinen

Apfelsinen lassen sich schnell und einfach schälen, wenn man sie vorher 5–10 Minuten in den warmen Backofen legt.

Artischocken

ANGEBRANNTE ARTISCHOCKEN

Immer ausreichend große Töpfe und genügend Wasser zum Kochen von Artischocken nehmen. Sind diese angebrannt,

war zu wenig Wasser im Topf. Verbrannte Teile abschneiden, Topf säubern und mit frischem Wasser weiterkochen.

ARTISCHOCKEN FALLEN AUSEINANDER
Fallen Artischocken beim Kochen auseinander, sofort auf Tellern anrichten und servieren. Um dies zu verhindern, evtl. vor dem Kochen mit Mull umwickeln.

ARTISCHOCKENHERZEN
Sind Artischockenherzen in der Verpackung festgefroren, etwas kaltes Wasser zulaufen lassen. Sind sie zu stark mariniert, 10 Minuten in klares Wasser und anschließend bis zum weiteren Verbrauch in Olivenöl legen.

ARTISCHOCKEN LAGERN
So bewahrt man Artischocken richtig auf: ungewaschen in ein feuchtes Tuch wickeln und in einer Plastiktüte im Kühlschrank aufheben. So halten sie sich in aller Regel 4–5 Tage frisch.

ARTISCHOCKEN TROCKNEN
Zum Trocknen mehrere Blätter Küchenpapier oder ein Geschirrtuch in eine Schüssel legen. Artischocken mit der Spitze nach unten darauflegen.

FARBE
Artischocken behalten ihre Farbe, wenn man sie 1 Stunde vor dem Kochen aufrecht in kaltes Wasser stellt und 1 EL Essig dazugibt.

GESCHMACK
Schmecken Artischocken fade, 1 Prise Fenchelpulver ins Kochwasser geben. Sind sie schon gekocht, mit würzigen Soßen oder gewürzter Butter servieren. Kalte Artischocken in pikanter Vinaigrette mit Kräutern anmachen.

Küchentipps von A bis Z

Überreife Artischocken

Sind die Artischocken überreif, dem Kochwasser 1 Prise Zucker und ¼ TL Salz zufügen. Äußere Blätter evtl. entfernen.

Auberginen

Auberginen schälen

Auberginen sind schwer zu schälen, deshalb in Scheiben schneiden und dann die Haut mit der Schere ringsherum abschneiden.

Geschmack

Auberginen schmecken nicht fade, wenn man folgende Gewürze bei der Zubereitung verwendet: Basilikum, Oregano, Salbei, Thymian und Kerbel.

Vor der Zubereitung

Auberginen gelingen besser, wenn man sie vor der Zubereitung kalt abwäscht und gut abtrocknet. Auberginen sind bitter; deshalb ungeschält in Scheiben schneiden, in ein Sieb legen, salzen und 1 Stunde ziehen lassen. Abspülen und mit Küchenpapier abtupfen. Sie verfärben sich nicht, wenn man sie in Salzwasser legt.

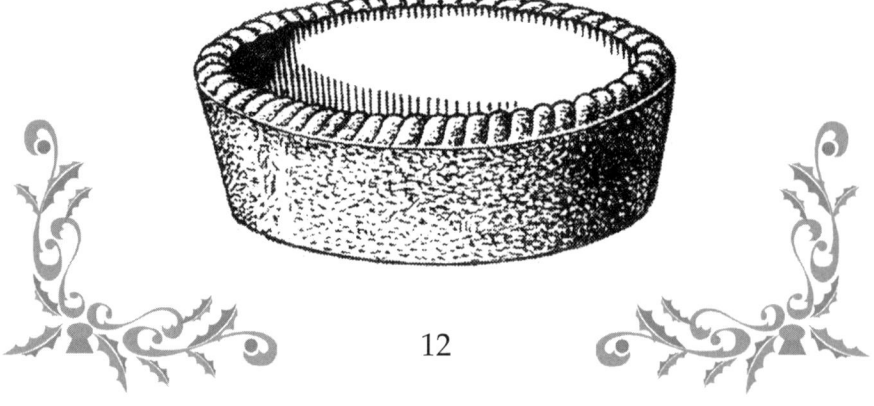

Auflauf

AUFLAUF STÜRZEN

Auflauf lässt sich problemlos aus der Form stürzen, wenn man diese vor dem Einfüllen des Teiges erwärmt.

AUFLAUF MIT KRUSTE

Aufläufe bekommen eine leckere Kruste, wenn man eine Mischung aus geriebenem Schnittkäse und Paniermehl (bei pikanten Aufläufen) oder eine Mischung aus Paniermehl, Zucker und Mandelsplittern (bei süßen Aufläufen) vor dem Backen über den Auflauf streut.

AUFLAUF MIT PARMESAN

Bestreut man Aufläufe mit Parmesan, können sie beim Backen bitter werden. Dies lässt sich vermeiden, wenn man den Käse erst kurz vor Ende über den Auflauf gibt.

Aufschnitt

Aufschnitt bleibt länger frisch, wenn man zwischen alle Scheiben eine Lage Backpapier legt.

Avocados

AVOCADOS AUFBEWAHREN

Avocados halten sich aufgeschnitten länger, wenn man sie mit einer dicken Schicht Butter oder Mayonnaise bestreicht. Im Kühlschrank aufbewahrt, werden Avocados nicht so schnell reif. Unreife Avocados in einer braunen Papiertüte gut verschlossen aufbewahren.

AVOCADOS SCHÄLEN

Sind Avocados schwer zu schälen, geht man folgendermaßen vor: Die Frucht längs aufschneiden und die zwei Hälften durchtrennen. Mit der Klinge eines großen Messers in den Kern schneiden und den Kern hin- und herdrehen, bis er sich löst. Dann das Fruchtfleisch mit einem Löffel herauslösen.

BRAUNE AVOCADOS

Avocados werden nach dem Aufschneiden nicht braun, wenn man sie sofort mit Zitronensaft beträufelt. Auch der Kern verhindert das Verfärben. Deshalb in halben Avocados immer den Kern stecken lassen.

HARTE AVOCADOS

Sind Avocados zu hart, einen Salat, Auflauf oder eine Suppe daraus zubereiten.

UNREIFE AVOCADOS

Avocados reifen in einer mit Mehl gefüllten Schüssel schneller aus.

REIFETEST BEI AVOCADOS

Avocados sind reif, wenn sich das Fruchtfleisch leicht eindrücken lässt. Oder man sticht mit einem Zahnstocher am Stielende hinein. Lässt er sich leicht herausziehen, ist die Avocado reif.

ZU WENIG AVOCADOS IM HAUS

Hat man zu wenig Avocados, lassen sie sich mit cremigem Frischkäse oder Crème fraîche strecken. Besonders geeignet dazu ist Crème fraîche mit Kräutern oder Knoblauchgeschmack.

Backobst

BACKOBST AUFBEWAHREN

Backobst wird am besten in einem luftdurchlässigen Säckchen aufbewahrt.

BACKOBST EINWEICHEN

Backobst wird vor dem Kochen in lauwarmem Wasser eingeweicht, das dann zum Kochen verwendet wird. Einweichen verkürzt die Garzeit.

14

WEICHES BACKOBST
Damit Backobst schön weich wird, sollte es immer erst nach dem Kochen gesüßt werden.

BACKPFLAUMEN
Backpflaumen entfalten ihr Aroma am besten, wenn man sie statt in Wasser in Schwarztee einweicht.

Backpulver
BACKPULVER UND ALKOHOL
Ein Schuss Alkohol, z. B. Rum oder Cognac, verfeinert nicht nur den Kuchenteig, sondern kann zur Not auch das Backpulver ersetzen.

BACKPULVER TESTEN
Backpulver in schlechter Qualität kann alles ruinieren. Vor Gebrauch deshalb testen: 1 TL davon in ein Glas heißes Wasser geben. Wirft es viele Blasen, ist es in Ordnung. Wenn nicht, besser wegwerfen.

Backwaren
BACKWAREN SCHNEIDEN
Frische Backwaren lassen sich besser schneiden, wenn man das Messer vor jedem Schnitt in heißes Wasser taucht.

SCHIMMEL
Schimmel bei Backwaren lässt sich vorbeugen, indem man Backwaren in einem Stoffsäckchen aufbewahrt und ein Stück rohe Kartoffel dazugibt.

Baiser
BAISER ABKÜHLEN
Lässt man Baiser zu schnell abkühlen, „weint" es. Deshalb langsam auskühlen lassen, am besten im ausgeschalteten Backofen.

Baiser schneiden

Baiser lässt sich gut schneiden, wenn man das Messer in sehr kaltes Wasser taucht.

Bröseliges Baiser

Bröselt Baiser und fällt auseinander, lässt sich ein einfaches Dessert daraus zubereiten: Die Stücke zu einem Ring legen, mit Schlagsahne überziehen, in die Mitte Schlagsahne und frische Früchte füllen.

Luftiges Baiser

Das Geheimnis eines hohen, luftigen Baisers ist die Zugabe von etwas Backpulver, das in das zimmerwarme Eiweiß gerührt wird, bevor man es mit etwas Zucker steif schlägt.

Bananen

braune Bananen

Aufgeschnittene Bananen sofort mit reichlich Zitronensaft beträufeln, dann werden sie nicht braun.

Grüne Bananen

Sind Bananen noch grün, können sie zusammen mit einer reifen Frucht in einer Papiertüte aufbewahrt werden, dann reifen sie schneller.

Reife Bananen

Reife Bananen können im Kühlschrank gelagert werden. Die Schale verfärbt sich dann zwar braun, das Fruchtfleisch bleibt aber unverändert.

Überreife Bananen

Überreife Bananen nicht wegwerfen! Mit Zitronensaft pürieren und mit Vanillepulver und reichlich Schlagsahne vermi-

schen. In der Gefrierbox fest werden lassen. Ergibt ein köstliches Bananeneis! Sie eignen sich auch gut zum Ausbacken in Butter. Mit flüssigem Honig und Schlagsahne servieren.

ZU WENIG BANANEN IM HAUS

Sind zu wenig Bananen im Haus, können diese mit reifen Birnen oder Honigmelonen kombiniert werden.

Beeren

BEEREN AUFTAUEN

Sind tiefgekühlte Beeren in der Verpackung angefroren, kaltes Wasser einlaufen lassen.

BEEREN EINFRIEREN

Große Mengen von Beeren lassen sich praktisch einfrieren. Dazu Beeren auf einem Blech ausbreiten und im Gefrierschrank anfrieren lassen. Dann in Gefrierbeutel füllen. Aroma, Farbe und Vitamine bleiben besser erhalten, wenn sie vor dem Einfrieren leicht gezuckert werden. Denn der Zucker verbindet sich mit dem Fruchtsaft zu einem feinen Film, der vor Sauerstoffzufuhr schützt. Nur sparsam zuckern, da den Beeren sonst zu viel Wasser entzogen wird.

BEEREN KAUFEN

Beim Einkauf von Beerenobst immer den Boden des Körbchens oder der Schale kontrollieren. Nässe und verschimmel-

te, matschige Beeren sind ein Zeichen dafür, dass die Beeren nicht mehr frisch sind.

BEEREN VERLESEN
Zerdrückte und faule Beeren sofort aussortieren. Sie stecken sonst gesunde Früchte an.

BEEREN WASCHEN
Beerenobst immer erst kurz vor dem Verzehr waschen.

SAURE BEEREN
Saure Beeren mit Zucker (etwa 1 EL pro Tasse) verrührt 1 Stunde bei Zimmertemperatur ziehen lassen.

ÜBERREIFE BEEREN
Überreife Beeren verlesen und zu einer Fruchtsoße pürieren. Nach Belieben mit Zucker abschmecken und zu Eis, Pudding oder süßem Auflauf servieren.

Berliner Pfannkuchen
Berliner Pfannkuchen schmecken noch besser, wenn man 1 EL Bier in den Teig gibt.

Birnen
BIRNEN LAGERN
Reifen Birnen zu schnell, diese in den Kühlschrank legen. Birnen, die zu langsam reifen, 1–2 Tage in einer geschlossenen braunen Papiertüte aufbewahren. Noch schneller geht es zusammen mit einem reifen Apfel. Die Papiertüte mehrmals einstechen.

EINGEMACHTE BIRNEN
Frisch eingemachte Birnen behalten ihre Farbe, wenn man nach dem Einfüllen der Zuckerlösung eine Zitronenscheibe hinzugibt. Dann wie gewohnt einkochen.

Von Allen die beste!

Seit vielen Jahren bewährt!

Koche auf Vorrat!

Biskuitteig

Biskuitkuchen wird besonders fein, wenn das Wasser für den Teig durch frisch gepressten und durch ein Haarsieb gelaufenen Orangensaft ersetzt wird.

Biskuitteig wird besonders saftig, wenn man die Eier mit etwa der gleichen Puderzuckermenge im Mixer cremig schlägt. Das Mehl erst danach langsam unterrühren.

Biskuitmasse wird rasch schaumig, wenn man die Eier vor der Zubereitung in warmes Wasser legt.

Der Eischnee für Biskuitteig muss so fest sein, dass ein Messerschnitt sichtbar bleibt.

Die Backformen für Biskuitteig nur am Boden einfetten.

Biskuitteig während des Backens vor Zugluft schützen.

Blaukraut

BLASSES BLAUKRAUT

Damit Blaukraut nicht blass wird, einen Spritzer Essig hinzufügen.

VERSALZENES BLAUKRAUT

Versalzenes Blaukraut ist noch zu retten, wenn man Äpfel dazugibt oder rohe Kartoffeln hineinreibt und weitergart.

Blumenkohl

ALTER BLUMENKOHL

Ist der Blumenkohl relativ alt, je 1 Prise Zucker und Salz in das Kochwasser geben.

BLUMENKOHL ZUBEREITEN

Blumenkohl schmeckt besonders gut, wenn man ihn in Mineralwasser statt in Leitungswasser kocht. Er bleibt länger hell, wenn man dem Kochwasser 2 Stück Würfelzucker zugibt. Besonders herzhaft schmeckt Blumenkohl, wenn einige der grünen Blätter mitgekocht werden.

BLUMENKOHL LAGERN

Blumenkohl hält sich einige Tage frisch, wenn er mit dem Strunk in ein Glas Wasser gestellt wird, das täglich erneuert wird. Die grünen Blätter um den Kopf nicht entfernen.

BLUMENKOHL WASCHEN

Blumenkohl immer in leichtem Essig- oder Salzwasser waschen, da dadurch Insekten herausgezogen werden.

KOHLGERUCH VERMEIDEN

Dem Kochwasser ein Lorbeerblatt zugeben und eine Zwiebel hineinreiben. Das vertreibt den unangenehmen Kochgeruch. Oder das Wasser nach 5 Minuten Kochzeit wechseln, denn die meisten Geruchsstoffe werden in den ersten 5 Minuten gelöst. Die 3. Möglichkeit ist, ein in Essigwasser (1 Teil Essig,

3 Teile Wasser) ausgewrungenes Tuch zwischen Topf und Deckel zu legen.

VERFÄRBTER BLUMENKOHL

Ist der Blumenkohl verfärbt, einen Spritzer Essig in das kochende Wasser geben.

VERKOCHTER BLUMENKOHL

Verkochten Blumenkohl pürieren und mit Sahne sowie Muskat verfeinern. Lässt sich auch zu Suppen weiterverarbeiten.

VERSALZENER BLUMENKOHL

Ist der Blumenkohl zu salzig, in sauberes sprudelnd kochendes Wasser geben und 1 Minute garen.

Bohnen

ALTE BOHNEN

Sind die Bohnen älter als 1 Woche, dem Kochwasser 1 Prise Zucker und ¼ TL Salz hinzufügen.

BOHNEN ABSCHRECKEN

Bohnen behalten ihre grüne Farbe, wenn sie blanchiert und anschließend mit ein paar Eiswürfeln unter kaltem Wasser abgeschreckt werden.

BOHNEN ABZIEHEN

Bohnen lassen sich besonders leicht abziehen, wenn man sie kurz in heißes Wasser legt.

BOHNEN AUFTAUEN

Sind die Bohnen festgefroren, kaltes Wasser einlaufen lassen.

BOHNEN SCHMACKHAFT ZUBEREITEN

1 Prise Zucker im Kochwasser verbessert den Geschmack. Bohnen schmecken nicht fade, wenn man sie mit Dillsamen,

Fenchel oder Rosmarin würzt. Bohnenkraut oder Salbei werden mitgekocht. Mit reichlich gerösteten Semmelbröseln oder knusprigen Speckwürfeln bestreuen.

ZU VIELE BOHNEN

Hat man zu viele Bohnen, kann man Bohnensalat daraus machen. Besonders gut schmeckt dieser mit gekochtem gehacktem Ei und reichlich Petersilie in Vinaigrette.

ZU WENIG BOHNEN

Hat man nicht genügend Bohnen im Haus, lassen sie sich mit beinahe jedem anderen Gemüse mischen.

Bowle

GESCHMACK AUFPEPPEN

Schmeckt die Bowle zu fade, lässt sie sich mit Kardamom, Muskatnuss und Rosmarin aufpeppen. 1 TL Gewürze in ½ Tasse heißem Fruchtsaft auflösen, auf Zimmertemperatur abkühlen lassen und unter die Bowle mischen.

BOWLE MIT WEIN

Ideal für Bowle sind halbtrockene und trockene Weine, bevorzugt Riesling. Der Wein zum Ansetzen sollte Zimmertemperatur haben, der Sekt zum Aufgießen eiskalt sein.

Brandteig

Die Eier nie auf einmal, sondern immer einzeln unter den Teig rühren.
Der Teig wird griffiger und lässt sich besser formen, wenn er vor dem Backen ½ Stunde ruht.

Brandy

Brandy oder Likör lässt sich nicht anzünden, d. h. er ist nicht zum Flambieren geeignet.

Bratäpfel

Bratäpfel platzen appetitlich auf, wenn die Apfelschale oben am Blütenansatz gleichmäßig eingeritzt wird. Sie bleiben schön glatt, wenn man sie vor dem Braten mit etwas Butter oder Öl bestreicht.

Braten

ANGEBRANNTER BRATEN

Angebrannter Braten ist noch zu retten: gründlich abspülen, in einem neuen Topf Fett erhitzen und den Braten noch einmal neu aufsetzen.

BEKÖMMLICHER BRATEN

Braten wird leichter verdaulich, wenn man ein Stückchen Ingwer hinzufügt.

BRATEN AUFWÄRMEN

Braten wird nicht hart, wenn man ihn zum Aufwärmen in Alufolie wickelt und ihn langsam bei ca. 150 °C im Backofen erwärmt.

BRATEN SPICKEN

Wird ein Braten gespickt, taucht man das gespaltene Ende der Spicknadel vor dem Einlegen des Speckstreifens in heißes Wasser. Dadurch reißt dieser nicht so leicht.

Bratensoßen

KLUMPEN

Bratensoßen klumpen nicht, wenn man beim Schmoren und Braten einen Kanten Schwarzbrot dazugibt.

BRATENSOSSENRESTE

Die Reste einer Bratensoße nicht wegschütten. In der Eiswürfelschale einfrieren, nach Belieben für Bratensülze oder zum Verfeinern von Gemüsegerichten verwenden.

GESCHMACK VERBESSERN

Die Zugabe einer ungespritzten Apfelschale verbessert den Geschmack der Soße. Am besten eignen sich die Schalen von Boskopäpfeln, da diese einen säuerlichen Geschmack haben.

Braten- und Kochfleisch

Braten- und Kochfleisch immer quer zur Faser aufschneiden. Nur Filet wird immer in Faserrichtung geschnitten.

Bratfischgeruch

Bratfischgeruch muss nicht so intensiv sein. Es hilft, etwas Parmesan unter das Paniermehl zu mischen.

Bratforellen

Bratforellen schneidet man vor dem Braten 2–3 mm tief diagonal rautenförmig ein, damit die Marinade oder das Bratfett eindringen kann.

Küchentipps von A bis Z

Bratkartoffeln

Bratkartoffeln sollten immer in heißem Fett angebraten werden. In kaltem Fett saugen sie sich voll und werden schwer verdaulich und kalorienreich.

Bratwürste

BRATWÜRSTE RICHTIG ZUBEREITEN

Bratwürste platzen und schrumpfen nicht mehr, wenn man sie vor dem Braten mit kochendem Wasser überbrüht und gut abtrocknet. Oder man wendet sie vor dem Braten in Mehl. Sie platzen auch nicht und werden knusprig, wenn man sie vor dem Braten in kalte Milch legt. Die Milch dann gut abtropfen lassen, da das Fett in der Pfanne sonst spritzt.

SÜDLÄNDISCHES AROMA

Bratwürste bekommen ein südländisches Aroma, wenn man frische oder getrocknete Salbeiblätter, Rosmarin, Thymian oder Oregano in der Pfanne mitbrät.

Brokkoli

BROKKOLI KOCHEN

Gart man Brokkoli im Dampfkochtopf, verfärbt er sich unschön. Deshalb lieber eine längere Garzeit in Kauf nehmen. Damit er beim Kochen seine grüne Farbe behält, etwas Essig ins Kochwasser geben. Man kocht ihn am besten aufrecht stehend im Topf. So werden Stiele und Blütenköpfe gleichmäßig gegart. Damit die Röschen nicht vor den Stielen fertig werden, diese kreuzweise einschneiden.

BROKKOLISTRUNK

Aus dem Strunk lässt sich fein gehobelt ein leckerer Salat zubereiten.

**Küchentipps
von A bis Z**

KOHLGERUCH

Gibt man ein Stück Brot ins Kochwasser, so vertreibt man den Kohlgeruch.

ZU WENIG BROKKOLI

Hat man nicht genug Brokkoli, kann man ihn mit Blumenkohl kombinieren oder mit einer dicken Sauce hollandaise strecken.

VERKOCHTER BROKKOLI

Verkochten Brokkoli pürieren, mit Crème fraîche verfeinern und mit Kräutersalz, Pfeffer und Muskatnuss abschmecken.

VERSALZENER BROKKOLI

Versalzenen Brokkoli vor dem Servieren mit heißem Wasser abspülen.

Brot

ALTES BROT

Ist das Brot alt, ½ TL Wasser daraufgießen, das Brot gut in einer braunen Papiertüte verpacken und bei 180 °C 10–15 Minuten in den Ofen schieben. Oder das Brot kurz in kaltes Wasser tauchen und bei 180 °C 10 Minuten backen. Das Brot kann man auch gut zu Bröseln verarbeiten.

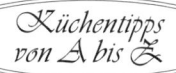
BROT LAGERN

Frisches Brot wird am besten in trockenen, gut belüfteten Behältern gelagert. Es hält sich länger frisch, wenn man halbierte Apfelstücke oder Zuckerstückchen in den Brotkasten legt. Einige Stückchen rohe Kartoffel im Brotkasten verhindern Schimmelbildung.

BROT SCHNEIDEN

Brot lässt sich leichter mit einem erhitzten Messer schneiden. Auch weiches Brot lässt sich problemlos in dünne Scheiben schneiden: einfrieren, schneiden, dann auftauen lassen.

FADER GESCHMACK

Schmeckt Brot fade, mit pikanter Butter, z. B. Kräuter-, Knoblauch- oder Sardellenbutter, servieren.

FRISCH GEBACKENES BROT

Klebt Brot am Blech fest, beides in ein trockenes Handtuch einschlagen, solange es noch heiß ist. Wieder auswickeln – das Brot lässt sich jetzt leicht vom Blech lösen.

HARTES TOASTBROT

Hat man ein ganz hartes Toastbrot, lässt sich ein italienisches Gericht daraus zubereiten: Man braucht dazu 20 Scheiben hartes Toastbrot, 10 dicke Scheiben Mozzarella, 75 ml Milch, ½ Tasse Paniermehl, 2 Eier (verquirlt), Salz und 150 ml Olivenöl. Aus den Brot- und Käsescheiben 10 Sandwiches zubereiten, die Ränder in eine Mischung aus Milch und Paniermehl tauchen, dann in mit Salz verquirlte Eier legen. Im heißen Fett knusprig ausbacken und frisch servieren. Nach Belieben jeweils mit einem Basilikumblatt garnieren.

VERBRANNTES BROT

Ist geröstetes Brot verbrannt, lassen sich die schwarzen Stellen am besten mit einer Küchenraspel entfernen.

Brötchen

BRÖTCHEN VOM VORTAG

Brötchen vom Vortag nicht wegwerfen! Mit kaltem Wasser anfeuchten und im Ofen kurz aufbacken, dann schmecken sie wieder wie frisch. Kleben die Brötchen beim Aufbacken am Blech fest, das Blech einen Augenblick auf ein nasses Tuch stellen, und die Brötchen können mühelos abgelöst werden. Damit die aufgebackenen Brötchen im Brötchenkorb nicht auskühlen, unter die Serviette eine Schicht Alufolie legen.

TROCKENE BRÖTCHEN

Trockene Brötchen in ein feuchtes Geschirrtuch wickeln und 24 Stunden in den Kühlschrank stellen. Dann auswickeln und bei 180 °C 5 Minuten im Backofen erhitzen.

Butter

HARTE BUTTER

Harte Butter aus dem Kühlschrank wird streichfähig, wenn man das Messer kurz in heißes Wasser taucht oder die Packung vor dem Öffnen kurz in eine Schale mit warmem Wasser legt. Man kann auch einige Minuten eine heiße Schüssel über die Butter stülpen.
Ist die Butter zu hart zum Verrühren, in Flocken raspeln und in eine angewärmte Schüssel geben.

LEICHT RANZIGE BUTTER

Leicht ranzige Butter verliert den unangenehmen Geschmack, wenn sie in frischem Wasser durchgeknetet wird.

28

Oder man steckt eine geschälte Möhre hinein und lässt sie mehrere Stunden in der Butter ziehen.

PACKUNG ÖFFNEN
Butter klebt beim Öffnen nicht an der Packung fest, wenn die Packung vorher kurz unter fließendes kaltes Wasser gehalten wird.

ZERLASSENE BUTTER
Wenn zerlassene Butter zu schnell bräunt, 1 Schuss Öl dazugeben. Öl und Butter zusammen bräunen nicht so schnell.

Buttercreme
Geronnene Buttercreme stellt man ins Wasserbad und erwärmt sie unter vorsichtigem Rühren. Evtl. etwas Eiswasser einträpfeln. Dann wird die Butter wieder geschmeidig und die Creme kann glatt gerührt werden.
Buttercreme wird auch wieder geschmeidig, wenn man einen Würfel Kokosfett schmilzt und kochend heiß unter die Creme rührt.

Buttermilch
Buttermilch kann durch eine Mischung aus ¼ Tasse Milch mit ¾ Tasse Joghurt ersetzt werden.

Champignons
CHAMPIGNONS SCHNEIDEN
In einem Eierschneider lassen sich Pilze schnell und gleichmäßig in Scheiben schneiden.

SCHMUTZIGE CHAMPIGNONS
Champignons, die voller Erde sind, in ein Sieb geben, mit Backpulver bestreuen, gut durchschütteln und nach 5 Minuten kalt abbrausen. Die Erde bleibt dann am Backpulver kleben.

FADER GESCHMACK

Wenn Champignons fade schmecken, diese mit ein paar Tropfen Worcestersoße, Sojasoße oder etwas Majoran abschmecken.

VERFÄRBTE CHAMPIGNONS

Die Pilze verfärben sich nicht, wenn sie gesäubert mit Zitronensaft und Wasser (halb und halb) beträufelt werden. Oder mit etwas Essig besprühen.

VERSCHRUMPELTE CHAMPIGNONS

Verschrumpelte Champignons mit den Fingern schälen. Unter dem verschrumpelten Teil findet sich meist ein kleiner frischer Pilz.

ZU VIELE CHAMPIGNONS

Hat man zu viele Champignons gekauft, diese klein hacken und bei schwacher Hitze auf die Hälfte einköcheln lassen. Die Pilzpaste kann im Kühlschrank aufbewahrt und für Soßen, Suppen und Eintöpfe zum Würzen verwendet werden.

ZU WENIG CHAMPIGNONS

Hat man zu wenig Champignons im Haus, so kann man sie mit Trockenpilzen (z. B. Morcheln oder Steinpilzen) strecken.

Chicorée

Chicorée schmeckt nicht bitter, wenn man aus den Stauden am unteren Ende den Strunk keilförmig herausschneidet.

Chilis

CHILIS VERARBEITEN
Bei der Verarbeitung der kleinen scharfen Schoten Gummi-
handschuhe tragen oder nachher sofort die Hände waschen.
Die Hände nicht an die Augen bringen, denn Chilis können
zu Haut- und Schleimhautreizungen führen.

SCHÄRFE NEHMEN
Chilis sind weniger scharf, wenn man die Kerne entfernt. In
ihnen sitzt die meiste Schärfe.

Chinakohl
Chinakohl bekommt mehr Biss, wenn man ihn kurz vor
der Zubereitung 15 Minuten lang in das Eisfach des Kühlschranks legt.

Cracker

WEICHE CRACKER
Sind Cracker zu weich geworden, 2–3 Minuten bei 180 °C auf
einem Backblech backen.

ZU WENIG CRACKER IM HAUS
Sind zu wenig Cracker im Haus, diverses Brot dunkel toasten, mit einem Sägemesser quer durchschneiden und vier-
teln. Ergibt dünne, knusprige Cracker.

Crème fraîche
Crème fraîche lässt sich durch saure Sahne, verdünnt mit etwas süßer Sahne ersetzen. Saure Sahne aber immer erst nach
dem Kochen zugeben, denn diese trennt sich beim Kochen,
Crème fraîche nicht.

Cremetorten

Cremetorten lassen sich gut schneiden, wenn man das Messer kurz vorher in heißes Wasser taucht.

Currypulver

Hat man zu reichlich mit Curry gewürzt, etwas Orangensaft, Kokosmilch oder Sahne zum Gericht geben.

Datteln

Dattelkerne lassen sich ganz einfach entfernen, wenn man die Datteln mit einer mit Wasser befeuchteten Schere aufschneidet.

Dill

DILL AUFBEWAHREN

Dill bleibt länger frisch, wenn er mit Wasser besprengt und in einem verschließbaren Glas im Kühlschrank aufbewahrt wird. Oder nass in Alufolie wickeln und in den Kühlschrank legen.

DILL KOCHEN

Dillspitzen dürfen nie mitgekocht werden, denn sie verlieren an Aroma. Immer erst zum Schluss zugeben. Dillstängel können mitgekocht werden, sie behalten auch bei hohen Temperaturen ihr Aroma.

Dosenmilch

Dosenmilch sollte man nach dem Öffnen der Dose in ein Glas- oder Porzellangefäß umfüllen, weil sich nach dem Öffnen der Dose gesundheitsschädliche Stoffe lösen.

Dosenwurst

Um die Wurst als ganzes Stück aus der Dose zu bekommen, Deckel und Dosenboden aufschneiden und die Wurst herausdrücken.

Dünsten oder Dämpfen

Statt Kochen empfiehlt sich Dünsten oder Dämpfen bei Speisen mit hohem Wassergehalt und bei lockerem Zellgewebe, z. B. bei Pilzen und Gemüse.

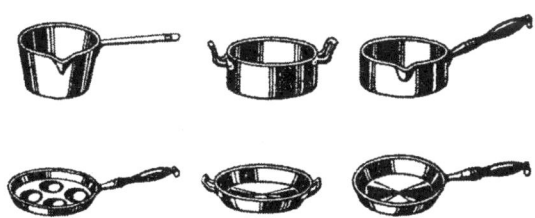

Eier

EIER AUFSCHLAGEN

Eier sollten immer einzeln in eine Tasse oder ein Schüsselchen aufgeschlagen werden. Dann erst den Speisen zugeben. Ein Ei könnte schlecht sein und das ganze Gericht oder die Backzutaten verderben.

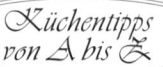

EIER IN DER MIKROWELLE

Eier mit Schale gehören nicht in die Mikrowelle. Sie würden dort zerspringen!

EIER KAUFEN

Beim Einkauf von Eiern sollte man auf das Verpackungs- bzw. Legedatum achten. Sie bleiben von dem auf der Packung angegebenen Tag an, im Kühlschrank gelagert, ca. 1 Woche frisch.

EIER KOCHEN

Eier platzen nicht, wenn sie vorsichtig in kaltes Salzwasser gelegt werden. Vorher auf der stumpfen Seite mit dem Eierpicker anstechen. Etwas Butter oder Margarine im Kochwasser hilft auch. Damit beim Kochen keine schiefen Dotter entstehen, die Eier vorher ca. 1 m horizontal immer in dieselbe Richtung rollen.

Schneidet man von einem gekochten Ei ein kleines Stück am spitzen Ende ab und stellt fest, dass es ist nicht genügend gekocht ist, so lässt es sich nachkochen. Das Ei in einem Tuch in das kochende Wasser hängen, dabei aufpassen, dass kein Wasser in das Ei läuft.

EIERRESTE

Eierreste an Schneebesen und Töpfen mit kaltem, nicht mit heißem Wasser spülen.

EIER SCHÄLEN

Eier lassen sich leicht schälen, wenn man sie rundherum mit einem Löffel anklopft und kurze Zeit in kaltem Wasser hin- und herrollt.

EIER SCHNEIDEN

Sind gekochte Eier schwer zu schneiden, einen Eierschneider, einen Faden oder ein heißes, trockenes Messer verwenden.

EIERTEST
Es gibt einen Eiertest, um die Frische von Eiern festzustellen: Das Ei in Salzwasser legen. Ältere Eier schwimmen oben, frische sinken nach unten. Auch gekochte und rohe Eier lassen sich unterscheiden: Das Ei auf einer glatten Oberfläche im Kreis drehen. Dreht sich das Ei schnell und gleichmäßig, ist es gekocht.

EIER TRENNEN
Zum Trennen von Dotter und Eiweiß kann man einfach einen Trichter verwenden. Das Eiweiß rinnt hindurch, das Eigelb bleibt hängen. Beim Trennen kann es leicht passieren, dass Eigelbtropfen ins Eiweiß gelangen. Sie müssen entfernt werden, da sich das Eiweiß sonst schlechter steif schlagen lässt. Dazu ein mit kaltem Wasser befeuchtetes Tuch in die Eigelbtropfen tauchen, sie bleiben daran kleben.

EIGELB
Eigelb eignet sich gut zum Bestreichen von Kuchen. Wenn man dem Eigelb 1 Prise Salz oder Zucker zugibt, wird die Farbe intensiver.
Damit Eigelb zum Backen schaumig wird, etwas Essig dazugeben.
Benötigt man Eigelb für ein heißes Gericht, z. B. zum Legieren einer Suppe, muss man darauf achten, dass das Gericht nicht mehr kocht, da sonst das Eigelb gerinnt und ausflockt.
Gibt man das Eigelb in eine kleine Tasse und bedeckt es vorsichtig mit Wasser, kann man es 2–3 Tage im Kühlschrank aufbewahren. Will man es länger aufbewahren, dann sollte man es besser einfrieren. 1 Prise Salz oder Zucker je Eigelb hinzufügen.

EISCHNEE
Eiweiß wird sicher und schnell steif, wenn man es mit etwas Stärkemehl oder Puderzucker aufschlägt und zusätzlich ein paar Tropfen Zitronensaft hinzufügt.
Hat man nicht genügend Eiweiß für ein Rezept, 1 TL Weinstein pro Tasse Eiweiß dazugeben. Dann bekommt das Eiweiß mehr Volumen beim Schlagen.
Bleibt beim Kochen oder Backen Eiweiß übrig, kann man es für Baisergebäck sammeln. Dazu leicht verquirlen und in einer Gefrierdose einfrieren. Es lässt sich nach dem Auftauen problemlos weiterverwenden und zu Schnee schlagen.
Lässt sich Eiweiß nicht schlagen, ist Folgendes zu beachten: Die Eier sollten mindestens 3 Tage alt sein. Sie müssen Zimmertemperatur haben. Wenn nicht, 30 Minuten liegen lassen oder 5 Minuten in lauwarmes Wasser legen. Die Schüssel, in der der Eischnee geschlagen wird, und die Quirle müssen sauber und fettfrei sein. Lässt sich trotz Beachtung dieser Punkte das Eiweiß immer noch nicht schlagen, 1 Prise Salz oder Küchennatron zugeben.

FRISCHE EIER
Frische Eier lassen sich im Kühlschrank einfach auseinanderhalten. Kaufen Sie abwechselnd pro Woche einmal braune und einmal weiße Eier.

FRÜHSTÜCKSEIER WARM HALTEN
Damit Frühstückseier warm bleiben, wickelt man sie einfach in ein Geschirrtuch und legt sie auf die Heizung.

GESPRUNGENE EIER
Gesprungene Eier kann man noch kochen, wenn man dem Kochwasser 1 TL Salz oder 1 Spritzer Essig oder Zitronensaft zugibt. Das verhindert, dass das Eiweiß ausläuft. Eine andere Möglichkeit ist es, die Eier in Alufolie zu wickeln, die Enden fest zusammenzudrehen und nach dem Kochen sofort in

kaltes Wasser zu tauchen. Oder Rühreier oder pochierte Eier daraus zubereiten.

KLEBENDE EIER

Eier kleben leicht im Karton fest und zerbrechen beim Herausnehmen. Den Karton dann außen gut anfeuchten oder kurz in kaltes Wasser setzen. Nach einigen Minuten lassen sich die Eier problemlos entnehmen.

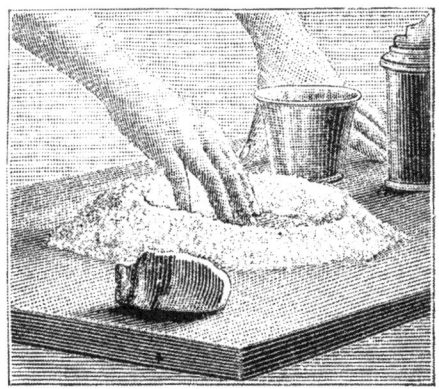

MIT EIERN BACKEN

Eier sollten zum Backen Zimmertemperatur haben. Kommen sie aus dem Kühlschrank, 5 Minuten in lauwarmes Wasser legen. Zum Backen immer mittelgroße Eier verwenden, sonst stimmen die Zutatenmengen im Verhältnis nicht.

NICHT GENUG EIER IM HAUS

Hat man nicht genug Eier im Haus, lässt sich in der Regel beim Backen 1 von 3 Eiern durch 1 EL Stärkemehl ersetzen.

POCHIERTE EIER

Nur ganz frische Eier zum Pochieren verwenden. Diese zerlaufen nicht, wenn man sie ins Wasser gibt. Ein paar Tropfen

Essig ins Kochwasser geben, das hält das Ei zusammen. Mit einem Kochlöffel einen Strudel im Wasser erzeugen, das rohe Ei in die Mitte gleiten lassen. Dadurch wird das Ei auch zusammengehalten.

RÜHREIER

Zähe Rühreier vermeidet man, indem man das Salz erst nach dem Braten hinzufügt.

SCHMUTZIGE EIER

Schmutzige Eier niemals waschen. Dadurch entfernt man ihre natürliche Schutzschicht, sie werden schneller schlecht und nehmen Kühlschrankgerüche auf. Besser nur mit einem sauberen, trockenen Tuch abwischen.

SPIEGELEIER

Spiegeleier brät man zunächst bei schwacher Hitze an. Erst zum Schluss wird die Hitze voll aufgedreht – dann kleben die Eier nicht an der Pfanne fest.

VERFÄRBTE EIER

Ein Verfärben der Eier beim Kochen kann man verhindern: Die Eier 3 cm hoch mit kaltem Wasser bedecken. Rasch zum Kochen bringen, vom Herd nehmen, zudecken und 20 Minuten stehen lassen. Kalt abschrecken. Haben die Eier bereits dunkle Ränder, unter lauwarmes Wasser halten und die dunklen Stellen vorsichtig wegreiben.

ZU LANGE GEGARTE EIER

Haben Sie gebratene, pochierte oder Rühreier zu lange gegart, am besten weitergaren, bis sie ganz hart sind, und für Salate, Sandwiches usw. verwenden.

ZU VIELE EIER

Hat man zu viele hart gekochte Eier, z. B. an Ostern, kann man diese mit Wasser bedeckt im Kühlschrank 2–3 Tage aufbewahren.

Einfrieren

ALLGEMEINE TIPPS

Eingefrorene Ware muss immer frisch und portioniert sein. Beim Beschriften Datum und Inhalt nicht vergessen.
Beim Einfrieren von Speisen kann man die Garzeit um etwa 15 % verkürzen, da die Speisen vor dem Verzehr nochmals erhitzt werden. Richtig würzen erst vor dem Servieren, da sich bei einigen Kräutern beim Einfrieren der Geschmack verändert. Zitronensaft, Mayonnaise, Speisestärke, süße und saure Sahne erst nach dem Auftauen hinzufügen.

BACKWAREN EINFRIEREN

Backwaren können lauwarm eingefroren werden.

FLEISCH EINFRIEREN

Zwischen rohe Fleischscheiben immer 1 Blatt Gefrierfolie legen. Wild vor dem Einfrieren mit Speck spicken. Geflügel in Portionen zerteilen oder ganz einfrieren. Dann die Innereien in Extrafolie in den Rumpf schieben.

FISCH EINFRIEREN

Fisch vorher gut waschen und ausnehmen, dabei die Schleimhaut nicht verletzen. Zunächst 2–4 Stunden vorfrieren, dann kurz in kaltes Wasser tauchen, anschließend endgültig verpacken und einfrieren.

GEMÜSE EINFRIEREN

Gemüse waschen, putzen, zerkleinern und blanchieren. So behält es seine Farbe. Abtropfen und abkühlen lassen, verpacken und einfrieren.

NICHT ZUM EINFRIEREN GEEIGNETE LEBENSMITTEL

Folgende Lebensmittel sind nicht zum Einfrieren geeignet:

- Frischmilch – sie flockt aus.
- Hartkäse – er wird beim Auftauen bröckelig.
- Hart gekochte Eier – sie werden sehr zäh.
- Joghurt, saure Sahne und Mayonnaise – sie flocken aus.
- Kohlensäurehaltige Getränke – sie können explodieren.
- Teigwaren – sie verlieren ihre Konsistenz.
- Bei Fisch und Schalentieren ist zumindest Vorsicht geboten. Sie waren auf dem Transportweg oft schon tiefgefroren.
- Nichts zweimal einfrieren – Lebensmittelvergiftungen können die Folge sein.

Einmachgläser

EINMACHGLÄSER VERSCHLIESSEN

Beim Verschließen Zellophan erst durch kaltes Wasser ziehen, dann auf die Marmelade- oder Geleegläser legen. So lässt es sich glatt über die Rundungen legen und zieht sich auch beim Trocknen nicht zusammen. Mit kräftigen Gummiringen festhalten.

DECKEL AUF EINMACHGLÄSERN

Den Metalldeckel auf Einmachgläsern ersetzen, wenn der Lack auf der Innenseite abblättert. Der Lack schützt den Deckel vor den Fruchtsäuren.

Eintopf

ANGEBRANNTER EINTOPF

Ist der Eintopf angebrannt, den unverbrannten Anteil sofort umfüllen. Falls nötig, etwas Wasser hinzufügen. Etwas gehackte Zwiebel dazugeben, das verringert den angebrannten Geschmack.

FADER GESCHMACK

Schmeckt der Eintopf fade, mit 1 Schuss Sherry abschmecken.

VERFÄRBTES FLEISCH

Färbt sich das Fleisch beim Anbraten grau, ist das ein Anzeichen dafür, dass zu viel Feuchtigkeit im Topf ist. Etwas Fleisch herausnehmen und portionsweise anbraten oder einen größeren Topf verwenden.

VERSALZENER EINTOPF

Ist der Eintopf versalzen, etwas süße Sahne untermengen. Auch 2 TL brauner Zucker helfen. Vielleicht passt eine Dose Tomaten dazu.

ZÄHE FLEISCHEINLAGE

Ist die Fleischeinlage zu zäh, war die Kochzeit wahrscheinlich zu kurz. Herausnehmen, in kleine Würfel schneiden und getrennt weiterkochen. 1 TL Zucker zugeben, das beschleunigt den Kochvorgang.

ZERKOCHTER EINTOPF

Ist der Eintopf zerkocht, im Mixer oder mit einem Pürierstab pürieren, evtl. etwas Flüssigkeit hinzufügen, abschmecken und als Suppe servieren. Fleischeinlage vorher herausnehmen.

Eiscreme

GESCHMOLZENE EISCREME

Geschmolzene Eiscreme nicht wieder einfrieren! Als Soße über Früchte oder Kuchen gießen.

KRISTALLISIERTE EISCREME

Kristallisiert Eiscreme, den Behälter in Alufolie wickeln und mindestens eine Nacht wieder in den Gefrierschrank stellen.

Eisformen.

In diese Büchsen wird das in der Maschine bereitete Gefrorene eingefüllt und die Büchse alsdann nochmals kurz in Eis gestellt.

Vor dem Stürzen lege man einen Augenblick ein feuchtes, warmes Tuch um die Form. Das Eis wird sich alsdann leicht und glatt lösen. Ich führe diese Formen in glatt und gerippt zu $1/2$, $3/4$, 1, $1\frac{1}{2}$ und 2 Liter Inhalt.

Eiswürfel

FESTFRIEREN VERMEIDEN

Legt man ein Stück Backpapier oder Alufolie unter den Eiswürfelbehälter, friert er nicht fest.

LUFTBLASEN VERMEIDEN

Luftblasen in Eiswürfeln lassen sich so vermeiden: abgekochtes Wasser verwenden, auf Zimmertemperatur abkühlen lassen, dann einfrieren.

Erbsen

FADER GESCHMACK

Schmecken Erbsen fade, mit Basilikum, Majoran oder Salbei nachwürzen. Oder mit gebräunten Zwiebeln servieren.

Küchentipps von A bis Z

FRISCHE ERBSEN
Frische Erbsen kann man ohne Wasser garen, wenn man den Topfboden mit Salatblättern auslegt.

TIEFGEKÜHLTE ERBSEN
Sind tiefgekühlte Erbsen in der Packung festgefroren, kaltes Wasser in die Zwischenräume laufen lassen.

VERFÄRBTE ERBSEN
Erbsen behalten ihre Farbe und schmecken besser, wenn man dem Kochwasser etwas Zucker zugibt.

VERKOCHTE ERBSEN
Verkochte Erbsen pürieren und mit Crème fraîche abschmecken. Es kann auch etwas Kartoffelbrei untergemischt werden.

ERBSENSUPPE
Erbsensuppe brennt leicht an. Das lässt sich vermeiden, wenn man eine große Scheibe Brot in die Suppe gibt. Dadurch wird das Absinken der Erbsen auf den Topfboden und damit das Anbrennen verhindert.

Erdbeeren
ERDBEEREN AUFBEWAHREN
Erdbeeren halten sich am besten in einem Sieb im Kühlschrank.

ERDBEEREN EINFRIEREN
Erdbeeren zum Einfrieren sollten klein und vollreif sein. Auf dem Tablett vorfrosten, dann in Beutel verpacken. So vermeidet man, dass sie aneinanderkleben.

ERDBEEREN WASCHEN
Erdbeeren immer zuerst waschen, dann putzen.

Erdnussbutter

ERDNUSSBUTTER AUFBEWAREN
Damit sich das Nussöl nicht oben im Glas absetzt, das Glas auf den Kopf stellen und so aufbewahren.

ZU DICKE ERDNUSSBUTTER
Ist Erdnussbutter zu dick, kann man sie mit weicher Butter, Ahornsirup, heißem Wasser, Orangensaft oder Öl verdünnen.

Essensreste
Essensreste (z. B. Braten, Nudeln oder Reis) trocknen beim Aufwärmen leicht aus. Deshalb in einem Sieb über kochendem Wasser, also über Dampf, erwärmen, dann bleibt alles saftig.

Essig
DOSIERUNG
Für jeden Essig gilt: lieber zu wenig als zu viel.

ESSIGSORTEN
Zwischen folgenden kann man wählen:
- Weißweinessig ist mild im Aroma.
- Rotweinessig ist wesentlich intensiver als Weißweinessig.
- Balsamico-Essig kommt aus Italien und ist mehrere Jahre gereift. Kleine Mengen genügen.
- Himbeeressig ist Weinessig, der mit Himbeeren angesetzt wurde. Er besitzt ein fruchtiges Aroma.

- Sherryessig eignet sich gut zum Marinieren.
- Kräuteressig lässt sich leicht selbst herstellen. Er bekommt eine eigene Note durch die einzelnen Kräuter.

ETIKETT
Der Blick aufs Etikett ist wichtig. Die Angabe „Essig mit 40 % Weinessig" bedeutet z. B., dass dieser Essig nur 40 % echten Weinessig enthält und 60 % billigen Branntweinessigverschnitt.

Essiggurken

ESSIGGURKENSAFT
Den Saft von Essiggurken nicht wegschütten. Er eignet sich gut zum Würzen, z. B. von Wild oder Wurstsalat. Auch zum Einlegen von Sauerbraten kann er verwendet werden.

GESCHMACK
Sind Essiggurken nicht sauer genug, reichlich Dill dazugeben, dann wieder ins Glas füllen. Je länger die Gurken im Glas sind, desto saurer werden sie.

WEISSER BELAG
Schwimmt weißer Belag auf der Oberfläche von Essiggurken, diesen abnehmen und vorsichtig 1 TL Olivenöl auf der Oberfläche verteilen.

Esskastanien

ESSKASTANIEN RÖSTEN
Esskastanien kann man ganz einfach selbst rösten. An der flachen Stelle quer einschneiden und in einer trockenen Pfanne bei geringer Temperatur rösten, bis sie etwas aufplatzen.

FÜLLUNGEN ODER PÜREE
Benötigt man Kastanien für Füllungen oder zur Herstellung von Püree, die Früchte an der flachen Seite quer einschnei-

Küchentipps von A bis Z

den und 10 Minuten mit Wasser bedeckt kochen lassen. Nach dem Abgießen lassen sich die Schale und die braune Haut leicht abschälen.

Feigen

AROMATISCHER GESCHMACK
Feigen schmecken aromatischer, wenn man sie mit Zimt oder Rosmarin kocht. Auch Kardamom mit Honig gemischt eignet sich dazu.

ZUSAMMENKLEBENDE FEIGEN
Kleben Feigen im Päckchen zusammen, legt man sie ohne Papier einige Minuten bei 150 °C in den Backofen. Dann lassen sie sich ganz leicht auseinandernehmen.

Feldsalat

Feldsalat, der die Blätter hängen lässt, wird schnell wieder frisch, wenn man ihn in lauwarmes Wasser legt. Oder man gibt ihn kurz ins Tiefkühlfach.

Fenchel

FENCHELKNOLLEN
Von Fenchelknollen die äußeren Blätter großzügig entfernen, da sie harte Blattrippen haben.

FENCHELKOCHSUD
Fenchelkochsud kann man als Grundlage für Gemüsesuppen und Soßen verwenden.

Fett

BRATFETTGERUCH
Riecht Bratfett, das man wiederverwenden will, streng, kann man Kartoffelscheiben darin so lange anbraten, bis diese kräftig braun sind. Kartoffeln nehmen alle unangenehmen Duftstoffe auf, z. B. von Zwiebeln und Fisch.

Brennendes Fett

Brennendes Fett niemals mit Wasser löschen, sondern die Flamme mit einem Topfdeckel ersticken.

Fettspritzer

Fettspritzer lassen sich vermeiden, wenn man zum Erhitzen eine Brotrinde in die Pfanne gibt. Etwas Salz oder Mehl hat denselben Effekt.

Qualmendes Fett

Qualmt oder raucht Fett, ist es überhitzt. Nicht mehr verwenden, denn es ist gesundheitsschädlich.

Spritzendes Fett

Bei spritzendem Fett schafft 1 Prise Salz oder Stärkemehl Abhilfe.

Verschüttetes Fett

Auf verschüttetes heißes Fett kaltes Wasser gießen, dann wird es fest und kann entfernt werden.

Zu viel Fett

Ist zu viel Fett in die Suppe oder Soße geraten, die Speise kalt stellen, dann lässt sich das erhärtete Fett leicht von der Ober-

fläche abnehmen. Als Sofortmaßnahme kann man einige Salatblätter in die Suppe oder Soße hängen, an denen sich das Fett festsetzt. Danach herausnehmen.

Fisch

FISCH AUFTAUEN

Damit der Fisch zart bleibt, legt man ihn zum Auftauen in kalte Milch. Dadurch wird auch der lästige Gefriergeschmack vermieden.

FISCHGRÄTEN

Fischgräten, insbesondere kleinere, lassen sich gut mit einer Pinzette entfernen.

FISCHKAUF

Beim Fischkauf darauf achten, dass der Fisch klare, glänzende Augen hat. Bei frischem Fisch glänzen auch die Kiemen und sind von hell- bis dunkelroter Farbe. Die Schuppen müssen glatt sein und fest anliegen. Drückt man in das Fischfleisch, darf keine Delle zurückbleiben. Um ganz sicherzugehen, den Fisch auf die flache Hand legen – er darf sich nicht biegen.

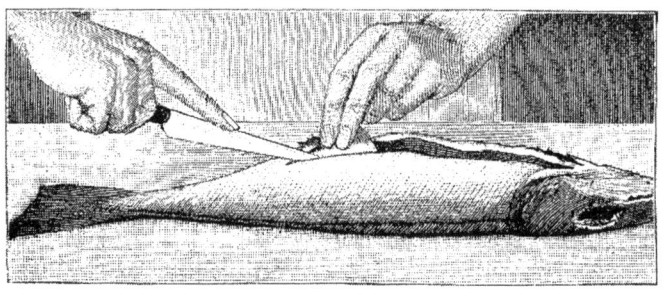

FISCH SCHNEIDEN

Fisch immer gegen die Struktur des Fleisches schneiden. Dann zerfällt er nicht.

FISCHSTEAKS

Fischsteaks zum Grillen müssen mindestens 3 cm dick sein, damit sie nicht zerfallen. Wickelt man sie in Alufolie, behalten sie ihre Form.

BLAU GAREN

Zum Blaugaren eignen sich nur ganz frische Fische. Nimmt man zum Blaugaren statt eines Fischsuds Weißbier, behält der Fisch seinen zarten Geschmack.

FISCH DÜNSTEN

Fisch lässt sich besonders kalorienarm auf einer Schicht Zitronenscheiben dünsten.

FISCH KOCHEN

Fisch zerfällt beim Kochen nicht, wenn man dem Kochwasser Essig zufügt. Ist der Fisch bereits zerfallen, von den Gräten lösen und in pikanter Soße, z. B. Senf- oder Dillsoße, servieren. Ist Fisch verkocht, zu Brei verarbeiten und einen Fond daraus zubereiten. Gibt man in das Kochwasser etwas Milch, wird der Fisch zarter und verliert zudem den Fischgeruch. Damit der gekochte Fisch nicht zu streng schmeckt, nach dem Garen im Kochwasser liegen lassen. Dann verfliegt das Aroma etwas. Ist gekochter Fisch zu trocken, mit einer Soße oder zerlassener Butter, z. B. auch Kräuter- oder Knoblauchbutter, servieren.

FISCH POCHIEREN

Wenn man Fisch pochiert, ein paar Sellerieblätter in den Topf geben. Das mildert den Fischgeruch.

GARTEST

Fisch ist gar, wenn die Augen hervorquellen oder braun werden, wenn sich die Rückenflosse herausziehen lässt oder wenn man die Hauptgräte vom Fleisch lösen kann.

FISCHGERUCH

Fischgeruch verhindert man, indem man alles, was mit Fisch in Berührung kommt, vorher mit kaltem Wasser abspült: Hände, Bretter, Geschirr etc. Auch nach dem Essen alles kalt abspülen, bevor man warm abwäscht. Unangenehmen Geruch von rohem Fisch vermeidet man, wenn man den Fisch vor dem Aufbewahren mit Zitronenwasser abreibt und fest in Alufolie einwickelt. Dann im Kühlschrank aufbewahren. Fischgeruch an den Händen verschwindet durch sofortiges Abreiben mit Kaffeesatz.

Panierter Fisch entwickelt beim Braten keinen so intensiven Geruch, wenn man unter das Paniermehl etwas geriebenen Parmesan mischt.

FISCH LAGERN

Fisch behält seine appetitliche Oberfläche und Form, wenn man ihn unverpackt 2–3 Stunden auf einer Platte ins Vorgefrierfach stellt. Dann kurz in kaltes Wasser tauchen. Dadurch entsteht eine glasurartige Eisschicht, die während der Lagerung einen Schutz bildet.

FISCHRÖLLCHEN

Fischröllchen immer mit der Hautseite nach innen aufrollen, dann bleiben sie besser in Form.

FISCHSCHUPPEN

Ist Fisch nicht ausreichend geschuppt, gibt man ihn zuerst in siedendes, dann in kaltes Wasser. Danach die lockeren Schuppen mit einem Sägemesser abkratzen.

FESTES FISCHFLEISCH

Fischfleisch wird schön fest, wenn man es vor der Zubereitung mit etwas Zitronensaft beträufelt.

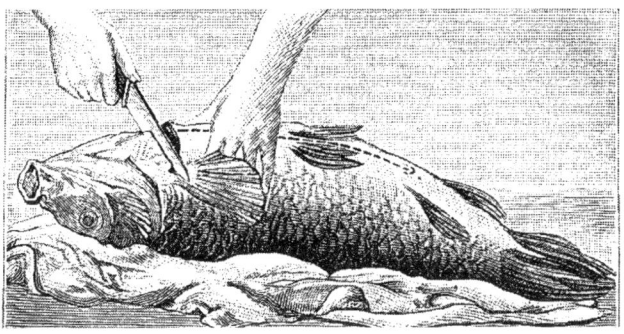

FISCH HÄUTEN

Einige Fischsorten häutet man vor dem Kochvorgang. Dazu mit einem Messer quer in die Haut schneiden, sodass man sie greifen kann. Dann das Schwanzende mit der anderen Hand festhalten und die Haut ruckartig zum Kopf hin abziehen.

Flambieren

Alkohol niemals direkt aus der Flasche in die Pfanne gießen, da die Gefahr besteht, dass die Flamme auf die Flasche überspringt. Immer mit einem Löffel zugeben. Den Alkohol über kleiner Flamme langsam erhitzen. Ist die Hitze zu stark, kann er sich im Topf entzünden. Dann direkt aufs Essen gießen. Normalerweise wird der erhitzte Alkohol vorsichtig über das Gericht gegossen und die Dämpfe, nicht die Flüssigkeit, werden angezündet.

Fleisch

ALLGEMEINE TIPPS

Sehr gut klappt das Garen von Fleisch, wenn alle Stücke ungefähr die gleiche Größe haben. So wird das Fleisch zarter: zu

*Küchentipps
von A bis Z*

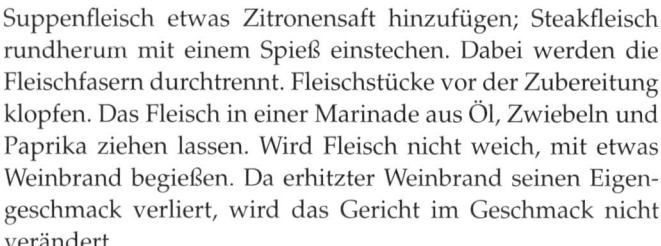

Suppenfleisch etwas Zitronensaft hinzufügen; Steakfleisch rundherum mit einem Spieß einstechen. Dabei werden die Fleischfasern durchtrennt. Fleischstücke vor der Zubereitung klopfen. Das Fleisch in einer Marinade aus Öl, Zwiebeln und Paprika ziehen lassen. Wird Fleisch nicht weich, mit etwas Weinbrand begießen. Da erhitzter Weinbrand seinen Eigengeschmack verliert, wird das Gericht im Geschmack nicht verändert.

FLEISCH BRATEN

Fleisch, das gebraten werden soll, muss trocken sein. Deshalb Fleisch, das mariniert oder abgewaschen wurde bzw. tiefgefroren war, mit Küchenpapier oder einem sauberen Geschirrtuch trocken tupfen.

IN DER MIKROWELLE

Fleisch kann in der Mikrowelle nur bis zu einer gewissen Tiefe durchdrungen werden. Deshalb müssen dickere Scheiben gewendet werden, um einen gleichmäßigen Garzustand zu erreichen.

ZÄHES FLEISCH

Zähes Fleisch wird weich, wenn man etwas Essig während des Kochens auf das Fleisch gibt.

FLEISCHQUALITÄT

So erkennt man frisches Fleisch: Rindfleisch muss rot aussehen, Kalb- und Schweinefleisch zartrosa und Lammfleisch hellrot bis rot. Sehr helles, weißliches Fleisch stammt meist aus Massentierhaltung.

FLEISCHSPIESSE

Damit sich die Fleischstücke leicht vom Spieß lösen, diese vor der Zubereitung 1 Stunde in Öl legen. Dabei muss das Öl das Fleisch ganz bedecken.

Fondue-Öl

Fondue-Öl brodelt nicht über und behält seinen Geschmack, wenn man ½ rohe Kartoffel zugibt und diese mitziehen lässt.

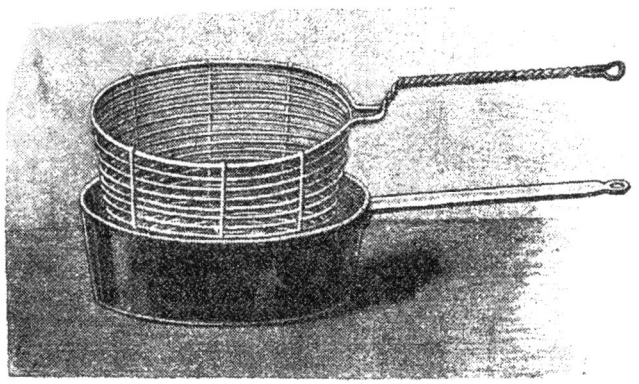

Frittieren

FETTGEHALT

Frittiergut nimmt weniger kalorienreiches Fett auf, wenn man dem Fett 1 TL Essig zugibt.

FRITTIERFETT ENTSORGEN

Frittierfett entsorgt man, indem man es in eine abgeschnittene leere Milchpackung füllt. Fest werden lassen, dann kann man es in den Mülleimer werfen.

FRITTIERGUT

Damit Frittiergut rundherum schön braun und knusprig wird, muss es im Frittieröl schwimmen können.

FRITTIERÖL

Zum Frittieren sollte man ein hoch erhitzbares Öl, z. B. Kokos-, Palm- oder Erdnussöl, verwenden. Frittieröl schäumt nicht über, wenn man ein paar Stücke Zwiebel ins Öl gibt.

Küchentipps
von A bis Z

Frikadellen

FRIKADELLEN WÜRZEN
Frikadellen schmecken besonders gut, wenn man sie mit etwas abgeriebener Zitronenschale würzt.

FRIKADELLEN BRATEN
Frikadellen fallen beim Braten nicht auseinander, wenn man sie vor dem Braten in Mehl oder Paniermehl wendet. Sie bekommen dann auch eine besonders schöne Kruste.

FRIKADELLEN GAREN
Frikadellen sind schneller gar, wenn man in die Mitte eine Vertiefung drückt.

Frischgemüse

Ist Frischgemüse welk oder hat es braune Flecken, die betroffenen Blätter oder Blattränder abzupfen, das Gemüse kurz abwaschen und in ein feuchtes Tuch gewickelt etwa 1 Stunde in den Kühlschrank legen.

Gänsefett

Gänsefett wird streichfest, wenn man es 1:1 mit Schweineschmalz oder 2:1 mit Kokosfett auslässt.

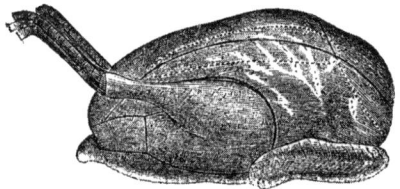

Geflügel

ALTES HUHN
Altes Huhn schmeckt frischer, wenn man es ein paar Stunden vor dem Kochen in Essig legt.

Küchentipps
von A bis Z

BACKHUHN
Backhuhn schmeckt interessanter, wenn man unter die Panade Paprikaflocken (Fertigprodukt) oder Sesam mischt.

BLASSES GEFLÜGEL
Blasses Geflügel vor dem Braten mit Paprikapulver einreiben. So erhält es eine appetitliche Farbe.

FRISCHES GEFLÜGEL
Frisches Geflügel erkennt man daran, dass die Beine biegsam sind und die Brust weich, vollfleischig und hell ist.

GEFLÜGEL AUFTAUEN
Geflügel kann ohne Saftverlust rasch aufgetaut werden, wenn man es in einem luftdichten Behälter, z. B. einem Plastikbeutel, auftaut. Besonders Eilige können die Tüte in eine Schüssel mit lauwarmem Wasser legen.

GEFLÜGEL GRILLEN ODER BRATEN
Beim Grillen oder Braten mit einer Nadel öfter in die Haut (aber nicht tiefer) stechen, damit das darunterliegende Fett abfließen kann.

GEFLÜGEL RUPFEN
Geflügel, das gerupft werden soll, kurz in kochendes Wasser tauchen – dann lassen sich die Federn leicht herausreißen.

Funktioniert allerdings nicht bei Enten und Gänsen. Geflügel kann man auf 2 Arten rupfen:

1. Mit der Heißwachsmethode: Alte Kerzen in kochendes Wasser geben, das Wachs schmelzen lassen. Das Huhn wiederholt eintauchen, bis es mit Wachs überzogen ist. In Zeitungspapier gewickelt abkühlen lassen. Dann das Wachs abschälen. Die Federn lassen sich jetzt mit ablösen.
2. Mit der Seifenmethode: In einem großen Topf Wasser aufkochen, ca. 35 ml Geschirrspülmittel für die Maschine zugeben. Das Geflügel einlegen, 2–3 Minuten schwenken. Anschließend in ein Handtuch einrollen. Mit diesem die Federn abreiben. Gründlich kalt abspülen.

Geflügel verfeinern

Geflügel schmeckt raffiniert, wenn man es mit Majoran oder einer Mischung aus Oregano oder Thymian mit Olivenöl und Salz einreibt. Auch Rosmarinnadeln eignen sich dazu gut. Geflügel wird saftiger, wenn man es vor dem Braten mit Zitronensaft beträufelt.

Gefrierbrand

Trockene Flecken auf Geflügel weisen auf Gefrierbrand hin. Im Zweifelsfall wegwerfen oder ins Geschäft zurückbringen. Riecht das Geflügel normal, trockene Flecken mit Öl einreiben.

Knuspriges Geflügel

Geflügel wird knusprig, wenn man es mit Salzwasser, Zuckerwasser, Weinbrand oder Bier einpinselt.

Tiefgekühltes Geflügel

Tiefgekühltes Geflügel nach dem Auftauen sofort zubereiten, damit es keinen Saft verliert.

TROCKENES FLEISCH
Zu trocken geratenes Geflügel (kann leicht bei Truthahn passieren) mit einer fetthaltigen Soße überziehen und 10 Minuten im Ofen ziehen lassen.

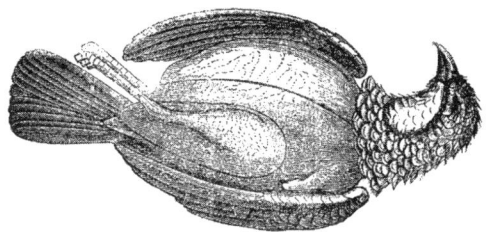

WILDGESCHMACK
Wildgeschmack kann bei Geflügel, wie Ente oder Fasan, unangenehm sein. Mit Sherry oder Brandy würzen. Oder das Geflügel vor dem Braten mit Ingwerpulver einreiben.

ZU WENIG GEFLÜGEL IM HAUS
Wurde zu wenig Geflügel eingekauft, kann man das Fleisch strecken, z. B. zerkleinern, mit Sauce hollandaise mischen und in Pfannkuchen füllen. Pfannkuchen mit Parmesan bestreuen, mit Butterflöckchen belegen und überbacken. Oder das Huhn in Stücke teilen, aus Knoblauch, Hühnerbrühe, Sahne, Zitronensaft, Salz und Pfeffer eine schnelle Soße herstellen und auf chinesischen Eiernudeln (haben eine Kochzeit von nur 3–4 Minuten) servieren.

GEFLÜGEL SCHNEIDEN
Rohes und gegartes Geflügel lässt sich besser mit der Geflügelschere als mit einem Messer schneiden.

ZÄHES FLEISCH
Gegen zähes Fleisch hilft Fleischzartmacher. Wird das Huhn in einer Soße zubereitet, 1 Prise Küchennatron in die Flüs-

sigkeit geben. Beim Braten oder Grillen das Geflügel vorher außen mit Zitronensaft einreiben.

Gefriergut

BEDARFSGERECHTE PORTIONEN
Gefriergut darf nicht wieder eingefroren werden und sollte, wenn es aufgetaut ist, verbraucht werden. Deshalb nur bedarfsgerechte Portionen einfrieren.

FLÜSSIGES GEFRIERGUT
Flüssiges Gefriergut sollte nie bis zum Rand des Behälters eingefüllt werden, da es sich beim Einfrieren um etwa $1/10$ des Volumens ausdehnt.

GEFRORENES STÜRZEN
Gefrorene Speisen kann man leicht stürzen und aus der Form lösen, wenn man sie kurz über Wasserdampf hält oder mit einem Tuch, das in heißes Wasser getaucht wurde, umhüllt.

Gelatine

FEST WERDEN
Wird Gelatine zu schnell fest, diese noch einmal aufwärmen. Dazu die Schüssel in warmes Wasser stellen und dann steif werden lassen, bis die richtige Konsistenz zum Unterziehen der restlichen Zutaten erreicht ist. Wird ein mit Gelatine zubereitetes Gericht nicht fest, dieses in Eiswasser stellen. Dazu eine große Schüssel mit Eiswürfeln füllen.

KLUMPENDE GELATINE
Gelatine, die nach dem Auflösen klumpt oder zu fest geworden ist, im warmen Wasserbad unter Rühren erwärmen.

Klebende Gelatine
Klebt Gelatine an der Form fest, die Speise am Rand mit einer Messerspitze lockern und die Form für ein paar Sekunden in heißes Wasser tauchen. Danach mit der Öffnung nach unten auf eine Platte stellen und kräftig schütteln.

Schnelle Zubereitung
Eilt die Zubereitung, gibt man zu Gelatinepulver nur so viel heißes Wasser hinzu, dass es sich auflöst. Als restliche Flüssigkeit Eiswasser verwenden.
Gelatine geliert schneller, wenn man sie bei kühler Temperatur ausgießt und abkühlen lässt. In hohen Gefäßen dauert das Gelieren länger.

Gelee
Um die Bildung von Kondenswasser bei der Geleezubereitung zu vermeiden, muss man das Gelee immer erst etwas abkühlen lassen, bevor es in Gläser gefüllt wird.

Geleespeisen
Geleespeisen lassen sich leicht stürzen, wenn man vor dem Einfüllen der heißen Masse die Form kalt ausspült und sie vor dem Stürzen 1 Minute lang in eine Schüssel mit heißem Wasser stellt.

Gemüse
Erbsen und Bohnen
Erbsen und Bohnen behalten ihre frische grüne Farbe, wenn man sie nach dem Garen kurz in Essigwasser taucht.

Farbe verloren
Gemüse, das beim Kochen seine frische Farbe verloren hat, wirkt appetitlicher, wenn man es mit in Butter angeröstetem Paniermehl anrichtet, mit reichlich frischen Kräutern bestreut oder mit Sauce hollandaise serviert.

Gemüse lagern

Gemüse hält sich länger frisch, wenn es mit Wasser besprengt und in einen Bogen Papier eingeschlagen wird.

Grünes Gemüse

Grünes Gemüse behält seine frische Farbe, wenn man es im offenen Topf kocht.

Kürzere Garzeiten

Gemüse braucht kürzere Garzeiten, wenn man es in einem flachen Topf kocht.

Sparsam kochen

Man spart Zeit und Energie, wenn man zwei Gemüsesorten, jede in Alufolie eingewickelt, zusammen in einem Topf gart.

Tiefkühlgemüse

So wird tiefgekühltes Gemüse richtig aufgetaut: aus der Packung nehmen, in ein Sieb legen und mit kochend heißem Wasser übergießen. So wird das Gefrierwasser weggespült und das Gemüse behält sein Aroma.

Vitamin C

Gemüse enthält viel wasserlösliches Vitamin C. Um Verluste zu vermeiden, das Gemüse immer unter fließendem Wasser waschen und nie im Wasser liegen lassen.

Weisses Gemüse

Weißes Gemüse verfärbt sich nicht, wenn man dem Kochwasser etwas Essig oder Zitronensaft zusetzt.

Welkes Gemüse

Welk gewordenes Blattgemüse lässt sich wieder aufpäppeln. 15 Minuten in lauwarmes, dann 30 Minuten in sehr kaltes Wasser legen.

Gemüsewasser

Gemüsewasser, das übrig bleibt, nicht wegschütten. Es enthält lösliche Vitamine und Mineralstoffe und eignet sich gut zur Herstellung von Suppen und Soßen.

Geräucherter Fisch

Geräucherter Fisch schmeckt besonders aromatisch, wenn er vor dem Verzehr in Alufolie gewickelt und kurz in den Ofen gelegt wird.

Geräuchertes

Geräuchertes, wie z. B. Speck oder Kassler, bekommt einen milderen Geschmack, wenn man es vor dem Garen in Milch einlegt.

Gerinnen

Das Gerinnen von Suppen und Soßen vermeidet man, indem man Eier, Milch, Sahne oder Joghurt erst gegen Ende der Kochzeit hinzugibt. Etwas von der heißen Suppe oder Soße

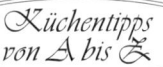 

in eine Schüssel füllen, Eier oder Milchprodukte einrühren, kräftig durchschlagen und alles in den Topf zurückgießen.

Geschnetzeltes

Geschnetzeltes Fleisch gleich vom Metzger in Stücke schneiden lassen. Oder vor dem Schneiden ins Tiefkühlfach legen, bis es erstarrt. Dann lässt es sich in gleichmäßige Stücke schneiden.

Das fein geschnetzelte Fleisch bleibt beim Braten saftiger, wenn man es vorher in einer Eiweiß-Stärke-Mischung wendet.

Getreide

FEUCHTES GETREIDE

Feuchtes Getreide bei niedrigster Einstellung langsam im Backofen trocknen – dann verschmiert es die Getreidemühle nicht.

GETREIDE AUFBEWAHREN

Größere Getreidemengen sollten an einem luftigen, trockenen, kühlen Ort aufbewahrt werden. Nicht zu hoch aufschütten und öfter wenden, damit sich keine Schädlinge darin ansiedeln können.

Gewürze

GEWÜRZE AUFBEWAHREN

Gewürze sollten in lichtundurchlässigen, luftdichten Behältern aus Glas, Plastik, Steingut oder Holz aufbewahrt werden, möglichst mit Schraubverschluss. Metallbehälter sind ungeeignet.

GEWÜRZSCHRANK

Den Gewürzschrank ab und zu durchsehen und Gewürze, die älter als 1 Jahr sind, aussortieren. Manche Gewürze halten auch länger (s. S. 192).

GEWÜRZE AUSSTREUEN

Gewürze niemals aus dem Behälter in den dampfenden Topf streuen. Der Kochdunst macht die verbleibenden Gewürze feucht und klumpig und beeinträchtigt ihre Haltbarkeit.

Glasur

GLATTE GLASUR

Schokoladenglasur wird besonders glatt, wenn man nach dem Glasieren mit einer Palette über den Kuchen streicht. Vorher die Palette in heißes Wasser tauchen und abtrocknen.

KLUMPIGE GLASUR

Ist die Glasur klumpig geworden, mit gehackten Nüssen oder Schokoladenstückchen bzw. -raspeln verrühren. Dann fallen die Klumpen weniger auf. Oder eine zweite Schicht Glasur darüberträufeln und an den Seiten herunterlaufen lassen. Das verbessert das Aussehen des Kuchens.

ZÄHE GLASUR

Zähe Glasur lässt sich besser verteilen, wenn man das Messer vor und während des Streichens immer wieder in heißes Wasser taucht.

ZUCKRIGE GLASUR

Wird die Glasur beim Kochen zuckrig, ein paar Tropfen Essig zugeben. Das verhindert den Verzuckerungsprozess.

DICKE GLASUR

Ist die fertige Glasur zu dick, Sahne unterrühren, bis die gewünschte Konsistenz erreicht ist. Wird die Glasur während des Kochens zu dick, ein paar Tropfen Zitronensaft oder kochendes Wasser unterrühren.

DÜNNE GLASUR

Gerät die Glasur zu dünn, kleine Zuckermengen, am besten Puderzucker, unterschlagen. Wichtig ist dabei kräftiges Schlagen. Oder die Glasur in der Nähe einer Wärmequelle schlagen, z. B. in der Sonne, im Wasserbad, neben der Backofentür etc.

Götterspeise

Ihr Geschmack wird intensiver, wenn man statt Wasser zum Anrühren Fruchtsaft verwendet.

Grapefruit

WEISSE HAUT ENTFERNEN

Geschälte Grapefruits 2 Minuten in heißes Wasser tauchen, dann die weiße Haut entfernen. Oder Grapefruit vor dem Schälen 5 Minuten kochen, dann löst sich die weiße Haut mit der Schale.

SAFTLOSE GRAPEFRUITS

Sind Grapefruits saftlos, die Früchte kreisförmig auf dem Tisch herumrollen. Oder 15 Sekunden bei mittlerer Hitze in die Mikrowelle legen.

SAURE GRAPEFRUITS

Saure Grapefruits werden durch 1 Prise Salz versüßt.

GRAPEFRUITS SCHÄLEN

Sind Grapefruits schwer zu schälen, kochendes Wasser darübergießen, 5 Minuten ziehen lassen und schälen.

Grieß

GRIESSSORTEN

Grieß gibt es in verschiedenen Sorten. Weichweizengrieß eignet sich für Grießbrei, Hartweizengrieß für Klößchen, Nockerln oder Kroketten.

GRIESSKLÖSSE

Grießklöße, die zu fest geworden sind, aus der Suppe nehmen und 10 Minuten in kaltes Wasser legen. Dann nochmals in der heißen Suppe aufkochen. Jetzt quellen sie besser und werden schön locker.

Grillen

GARTENGRILL AUFSTELLEN

Den Gartengrill immer windgeschützt aufstellen, um einen eventuellen Funkenflug zu vermeiden.

SICHERHEIT

Niemals Benzin, Petroleum oder Heizöl ins Feuer gießen! Es ist sehr gefährlich und verdirbt den Geschmack.

Grillgerichte

HÄHNCHEN GRILLEN

Beim Braten oder Grillen eines Hähnchens ab und zu mit einer dünnen Stricknadel in das Fleisch stechen. Dann kann das Fett besser abfließen.

GRILLSPIESSE

Will man nicht zu viel Geld ausgeben, greift man für Grillspieße auf Fleisch aus der Keule zurück. Dieses ist wesentlich preiswerter. Das Fleisch gleichmäßig mit Zartsalz bestreichen und zugedeckt 2 Stunden ziehen lassen.

MARINADE

Damit die Marinade beim Bestreichen der Fleischstücke nicht in die Grillglut tropft und Rauch erzeugt, der den Geschmack verdirbt, am besten ein entsprechend großes Stück Alufolie unter das Grillgut legen.

SCHWEINERÜCKEN

Gegrillter Schweinerücken wird herzhafter und bekommt eine leicht säuerliche Note, wenn man ihn mit Ananas zubereitet.

Grüne Bohnen

ROHE BOHNEN

Grüne Bohnen niemals roh verzehren! Sie enthalten Spuren von Blausäure.

GRÜNE BOHNEN KOCHEN

Grüne Bohnen behalten ihre Farbe, wenn sie in nur schwach gesalzenem Wasser und ohne Deckel gegart werden oder wenn man in das Kochwasser etwas Zucker streut.

Grüner Pfeffer

Wird grüner Pfeffer in Dosen nicht auf einmal verbraucht, den Rest in ein Glas umfüllen. Mit leicht gesalzenem Wasser bedecken, gut verschließen und im Kühlschrank aufbewahren.

Grünkohl

Grünkohl sollte vor dem Verbrauch immer einen Frost abbekommen haben. Will der Frost nicht kommen, kann man nachhelfen. Den frisch geernteten Grünkohl ein paar Stunden in die Gefriertruhe legen. Erst dann zubereiten.

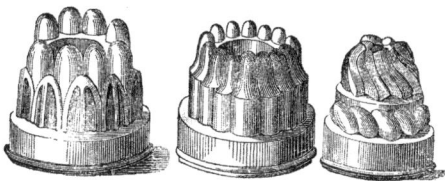

Gugelhupf

Gugelhupf bleibt oft in der Form kleben, was durch schlechtes Einfetten verursacht wird. Deshalb die Form eine Weile in die Gefriertruhe stellen. Dann die Form mit zerlassener Butter einstreichen. Sie erstarrt sofort in der kalten Form und dadurch werden freie Stellen gut sichtbar.

Gurken

Welke Gurken in einer Schüssel mit kaltem Wasser in den Kühlschrank legen. 1 Stunde vor Zubereitung schälen, in Scheiben schneiden, mit Salz bestreuen und erneut ins Wasser legen.

Gurkensalat

Gurkensalat verliert seinen bitteren Geschmack, wenn man die Gurken dünn abschält, dann kurz mit heißem Wasser überbrüht und anschließend unter kaltem Wasser abschreckt.

Küchentipps
von A bis Z

Hackbraten

ANBRENNEN VERMEIDEN

Hackbraten brennt nicht an, wenn man in die Pfanne Alufolie legt oder den Braten mit einer Speckschwarte bedeckt.

FESTKLEBEN VERMEIDEN

Damit Hackbraten nicht am Blech kleben bleibt, ein paar Speckstreifen darunterlegen.

ZERFALLEN VERMEIDEN

Falls Hackbraten immer wieder zerfällt, etwas Kartoffelstärke unter die Masse arbeiten.

GESCHMACK VERBESSERN

Hackbraten schmeckt besonders gut, wenn man eine eingeweichte, ausgedrückte und dann in heißer Butter mit Zwiebeln geröstete Semmel in den Teig gibt.

Hackfleisch

HACKFLEISCH EINFRIEREN

Hackfleisch oder Mett zum Einfrieren zu flachen Fladen formen. Das verkürzt die Auftauzeit.

HACKFLEISCHTEIG

Hackfleischteig kann mit gekochten geriebenen Möhren gestreckt werden.

Hähnchen

FRISCHES HÄHNCHEN

Frische Hähnchen maximal 3 Tage aufbewahren. Hähnchen nie am Montag kaufen. Sie haben sicher über das Wochenende gelegen.

HÄHNCHEN GAREN

Hähnchen immer langsam, bei mäßigen Temperaturen garen. Bei etwa 180 °C im Backofen bleibt das Hähnchen innen zart und wird außen schön braun und knusprig.

BRÄUNUNGSEFFEKT VERSTÄRKEN

Bepinselt man die Haut beim Braten mit Bier, Zuckerlösung oder Salzwasser, wird der Bräunungseffekt verstärkt. Während der letzten 15 Minuten Garzeit die Backofentür mithilfe eines Kochlöffels einen Spaltbreit öffnen.

Haisteaks

Haisteaks schmecken besonders köstlich, wenn man sie vor dem Servieren mit Whisky flambiert.

Haltbarkeit von Lebensmitteln

BLATTSALATE

Kopf- und andere Blattsalate werden feucht in Zeitungspapier gewickelt. So halten sie sich bis zu 5 Tagen. Vor der Zubereitung die äußeren Blätter entfernen.

SAHNE

Angebrochene Sahnebecher verschließt man mit Klarsicht- oder Alufolie oder man füllt die Sahne in Schraubgläser. Die Sahne hält sich so mindestens weitere 3 Tage.

KARTOFFELN

Hat man zu viele Kartoffeln geschält, gibt man sie in eine Schüssel mit kaltem Wasser, dem man 1 Schuss Essig zusetzt, und deckt das Ganze ab. So können die Kartoffeln, im Kühlschrank gelagert, auch noch nach 5 Tagen weiterverarbeitet werden.

GEFLÜGEL
Geflügel hält sich, zugedeckt in einer Schüssel, bis zu 3 Tagen.

FISCH
Frischer Fisch sollte nicht länger als 1 Tag liegen!

FLEISCH
Frisches Fleisch wird immer sofort aus der Verpackung genommen und mit Öl eingerieben. Zugedeckt hält es sich in einer Schüssel bis zu 4 Tagen.

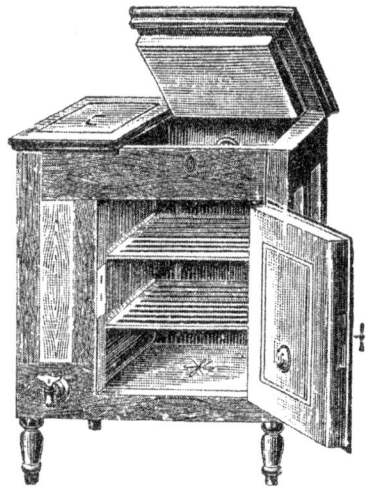

Haltbarkeitsdatum
MINDESTENS HALTBAR BIS …
Das bedeutet, dass das Lebensmittel bis zu diesem Datum seine beste Qualität hat – das Datum ist also als Frischegarantie zu verstehen. Ist das Haltbarkeitsdatum abgelaufen, kann das Lebensmittel bedenkenlos weiterverwendet werden. Das Mindesthaltbarkeitsdatum ist also nicht mit dem Verfallsdatum zu verwechseln.

Küchentipps von A bis Z

Bei Mindesthaltbarkeitsdaten gibt es Unterschiede: Lebensmittel, die bis zu 3 Monate haltbar sind, werden mit Tag und Monat ausgezeichnet. Lebensmittel, die bis zu 18 Monate haltbar sind, werden mit Monat und Jahr gekennzeichnet. Ist die Haltbarkeit noch länger, genügt die Angabe des Jahres auf der Verpackung.

ZERKLEINERTES ROHES FLEISCH

Eine Ausnahme bildet zerkleinertes rohes Fleisch. Daraus hergestellte Produkte tragen einen Hinweis auf das letzte Verfallsdatum: Verbrauchen bis spätestens …

Hammelfleisch

HAMMELFLEISCH SERVIEREN

Hammelfleisch heiß servieren, da das erkaltete Fett talgig schmeckt. Deshalb auf einer Warmhalteplatte anrichten.

EIGENGESCHMACK

Ist der Eigengeschmack zu streng, das Hammelfleisch mit einem feuchten Tuch abwischen und mit dem Saft von 1 Zitrone und 2 EL Olivenöl einreiben. 2 Stunden ziehen lassen. Gut mit Knoblauch würzen.

Hartkäse

Hartkäse schimmelt nicht, wenn man unter die Käseglocke ein Stückchen Zucker gibt. Der Zucker darf den Käse nicht berühren.

Hartwurst

Hartwurst kurz in kaltes Wasser legen, dann lässt sich die Haut sehr leicht entfernen.

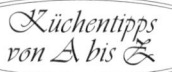
Hefe

FRISCHETEST

Ist das Verfallsdatum von frischer Hefe abgelaufen, kann man einen Test machen, ob sie noch treibt: Etwas Hefe mit ½ TL Zucker in warmes Wasser geben. Wenn es blubbert, ist die Hefe noch gut. Oder ein kleines Stück Hefe in eine Schale mit kochendem Wasser geben. Sinkt sie auf den Grund, sollte man sie nicht mehr verwenden.

TROCKENHEFE

1 Würfel frische Hefe kann durch 2 EL Trockenhefe ersetzt werden.

Hefegebäck

LOCKERES HEFEGEBÄCK

Hefegebäck gelingt besonders locker und feinporig, wenn die Hefe mit lauwarmer Buttermilch angerührt wird.

GLÄNZENDES HEFEGEBÄCK

Hefegebäck glänzt besonders schön, wenn man es kurz vor dem Braunwerden mit etwas Milch, Dosenmilch oder flüssigem Eiweiß bestreicht.

Hefekuchen

SAFTIGER HEFEKUCHEN

Hefekuchen wird besonders saftig und bleibt länger frisch, wenn man dem Teig eine am Vortag gekochte fein geriebene Kartoffel beimischt.

TROCKENER HEFEKUCHEN

Hefekuchen trocknet nicht so schnell aus, wenn man ihn in einem Porzellan- oder Steingutgefäß aufbewahrt.

Hefeteig

HEFETEIG EINFRIEREN
Hefeteig lässt sich problemlos einfrieren. Er geht beim Auftauen wunderbar auf.

ZÄHER HEFETEIG
Ist der Teig zu zäh, etwas geschmacksneutrales Salatöl dazugeben, weiterkneten, bis er glänzt und sich vom Schüsselrand löst.

KLEBRIGER HEFETEIG
Knetet man Hefeteig mit den Händen, bleibt er oft kleben. Deshalb die Hände vorher mit Öl oder Butter einreiben.

WENN DER HEFETEIG NICHT AUFGEHEN WILL
Will der Hefeteig nicht aufgehen, kann man einen einfachen Trick anwenden: den Teig ausrollen, gleichmäßig mit Backpulver bestreuen, gut durchkneten, fertig. Jetzt kann der Teig gebacken werden.

TROCKENHEFE
Hefeteig kann sowohl mit frischer Hefe als auch mit Trockenhefe zubereitet werden. Es ist sinnvoll, immer ein Päckchen Trockenhefe vorrätig zu haben.

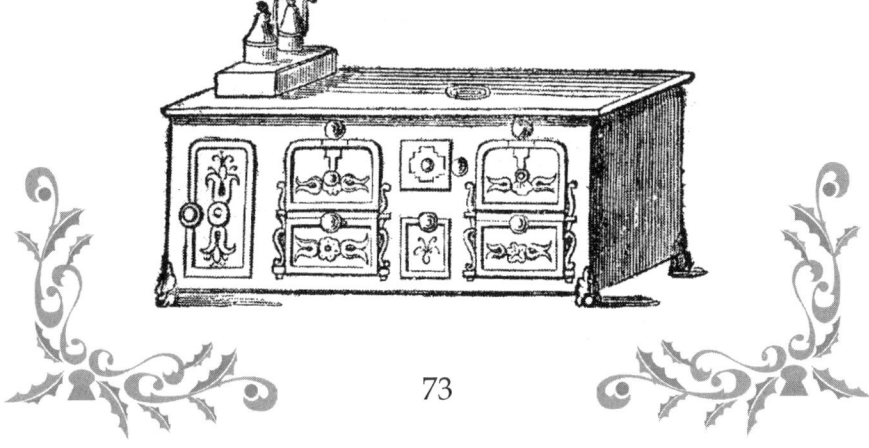

Honig

Haltbarkeit

Honig ist fast unbegrenzt haltbar, wenn er kühl und fest verschlossen aufbewahrt wird. Nie offen im Kühlschrank stehen lassen, da er Wasser anzieht und leicht Gerüche von anderen Lebensmitteln aufnimmt.

Verdorbener Honig

Honig kann aber auch verderben. Dann beginnt er zu gären und es bildet sich Schaum an der Oberfläche.

Kristallisierter Honig

Kristallisiert Honig, wird er durch sanftes Erhitzen wieder klar und flüssig. Vorsichtig in einem Wasserbad – nicht über 37 °C – erwärmen.

Kandierter Honig

Kandierter Honig lässt sich, z. B. für Teige, besser verarbeiten, wenn er vorher im Wasserbad leicht erwärmt wird oder wenn man ihn mit etwas heißem Zuckerwasser verrührt.

Honig abfüllen

Damit Honig nicht am Behälter klebt, diesen vor dem Einfüllen mit Butter ausstreichen.

Hülsenfrüchte

Garzeit

Je länger die Einweichzeit, desto kürzer die Garzeit. Auch salzloses Kochen verkürzt die Garzeit.

Küchentipps von A bis Z

EINWEICHEN

Hülsenfrüchte am besten über Nacht einweichen. Vorher waschen, dann mit kaltem Wasser bedecken. Teile, die oben schwimmen und schwarz aussehen, aussortieren. Hat man das Einweichen vergessen, dem Kochwasser etwas Natron beigeben.

Hummerschalen

Hummerschalen bekommen einen schönen Glanz, wenn man den Hummer kurz vor dem Servieren mit etwas Salatöl einreibt.

Joghurt

JOGHURT LAGERN

Joghurt hält sich am besten gut gekühlt. An heißen Sommertagen deshalb bei langen Einkaufswegen eine Kühltasche verwenden.

JOGHURT UND FLEISCH

In Joghurt gebeiztes Fleisch (z. B. Wild) wird besonders zart und mürbe.

JOGHURT UND KIWIS

Joghurt und Kiwis vertragen sich schlecht (ebenso Quark und Kiwis). Das in den Früchten enthaltene Enzym Actinidin macht den Joghurt und auch den Quark bitter.

MIT JOGHURT KOCHEN

Damit Joghurt beim Binden heißer Gerichte nicht ausflockt, sollte man ihn vorher mit etwas Mehl, Stärke- oder Paniermehl verrühren.

JOGHURT STÜRZEN

Joghurt kann man vollständig aus dem Becher stürzen, wenn man den Boden des Bechers kurz mit einem Messer einsticht.

JOGHURT SELBST HERSTELLEN

Joghurt kann man mit speziellen Pilzkulturen selbst herstellen, die es im Bioladen oder Reformhaus gibt. Aber auch ein Becher biologischer Joghurt lässt sich weiterverarbeiten, wenn man ihn mit 1 l mäßig warmer Vollmilch verrührt, mit einem Tuch abdeckt und 15–20 Stunden an einem warmen Ort ruhen lässt.

Kaffee

GEMAHLENER KAFFEE

Kaffee sollte, wenn er gemahlen ist, im Kühlschrank aufbewahrt werden, da so die empfindlichen ätherischen Öle nicht so schnell verfliegen.

MILDER KAFFEE

Kaffee wird milder im Aroma, wenn man 1 Prise Salz in das Pulver gibt.

ZU LANG GEKOCHTER KAFFEE

Wurde Kaffee zu lange gekocht, nimmt 1 Prise Salz den bitteren Geschmack.

KAFFEEAROMA
Das Kaffeearoma wird verstärkt, wenn man Mineralwasser für die Zubereitung verwendet.

ZU WENIG KAFFEE
Hat man zu wenig Kaffee im Haus, kann man folgendes Rezept probieren. Zutaten für etwa 4 Personen: 75 ml Kakao, 2 Tassen heiße Milch, knapp 2 Tassen Kaffee, 1 Prise Zimt, Zucker nach Geschmack, Rum oder Brandy. Zubereitung: alle Zutaten heiß, aber nicht kochend mischen.

Kakao
Kakao nie mit heißer Milch oder heißem Wasser übergießen, sonst klumpt er. Kakao deshalb mit Zucker vermischen und mit 1 EL Milch anrühren – dann erst mit heißer Milch aufgießen.

Kakifrüchte
Unreife Früchte in Alufolie wickeln und in den Gefrierschrank legen. Sind sie hart gefroren, diese herausnehmen und bei Zimmertemperatur auftauen lassen.

Kalamari
Kalamari dürfen maximal 45 Minuten gekocht werden, sonst werden sie zäh.

Kalbfleisch
ZARTES KALBFLEISCH
Wenn man Kalbfleisch über Nacht in Milch einlegt, wird es zart und saftig. Ist Kalbfleisch nicht zart genug, sollte man es gut blanchieren.

GESCHNETZELTES KALBFLEISCH

Für Geschnetzeltes das geschnittene Kalbfleisch kurz in Mehl wenden, dann braten. Immer erst salzen, wenn das Fleisch fast gar ist.

Karamell

ZU HARTES KARAMELL

Wenn Karamell zu hart wird, beim Kochen etwas Milch zugeben. Lässt sich Karamell nach dem Kochen nicht gießen, 1 EL Milch oder Maissirup zugeben, glatt schlagen und umgießen. Die ausgekühlte Masse in luftdichte Behälter geben. Dann sollte das Karamell in 24 Stunden cremiger werden.

KONSISTENZ

Erreicht Karamell nicht die gewünschte Konsistenz, wurde es nicht lange genug gekocht. Wieder in den Topf füllen, 1–2 TL Wasser dazugeben und unter Rühren weiterkochen lassen.

Kartoffelbrei

LOCKERER KARTOFFELBREI

Aus heißen Kartoffeln zubereiteter Kartoffelbrei wird besonders locker, wenn man ihn mit heißer Milch zubereitet.

GLASIGER KARTOFFELBREI

Kartoffelbrei, der glasig geworden ist, kann mit etwas Milchpulver oder geschlagenem Eischnee gerettet werden.

DÜNNER KARTOFFELBREI

Kartoffelbrei, der zu dünn geworden ist, wird fester, wenn man Trockenmilch oder Püreepulver unterrührt.

KARTOFFELBREI STRECKEN

Kartoffelbrei lässt sich mit Möhrenpüree strecken.

KARTOFFELBREIRESTE

Kartoffelbreireste zu flachen Klößen formen, in Mehl oder Paniermehl wenden und einfrieren. Zuerst einzeln vorgefrieren, dann in Beutel füllen. Bei Bedarf unaufgetaut ausbraten.

VERSALZENER KARTOFFELBREI

Ist der Kartoffelbrei versalzen, lässt er sich durch ein extragroßes Stück Butter retten.

Kartoffelchips

Kartoffelchips, die nicht mehr knusprig sind, kurz unter den vorgeheizten Grill legen. Dabei nicht braun werden lassen. Oder 30–60 Sekunden bei höchster Stufe in die Mikrowelle legen.

Kartoffelgratin

Die Zubereitung in der Mikrowelle benötigt nur die halbe Garzeit im Vergleich zu herkömmlichen Zubereitungsarten.

Kartoffelklöße

ROHE KLÖSSE

Bei der Zubereitung von rohen Klößen werden die Kartoffeln gerieben. Nach dem Reiben sofort 1 Schuss Essig und 1 Prise Salz dazugeben. So behalten die Kartoffeln ihre gelbe Farbe.

Küchentipps von A bis Z

KARTOFFELKLÖSSE FORMEN

Vor dem Formen von den Kartoffelklößen die Hände mit Öl einreiben. So bleiben die Hände sauber und die Klöße bekommen eine schönere Form.

Kartoffelkochwasser

Kartoffelkochwasser nicht wegschütten. Gibt man etwas davon in die Bratensoße, verfeinert das den Geschmack.

Kartoffeln

KARTOFFELN GAREN

Kartoffeln sind schneller gar, wenn man dem Kochwasser etwas Margarine hinzufügt. Ein weiterer Vorteil: Das Wasser kocht dann nicht mehr über.

ANGEBRANNTE KARTOFFELN

Angebrannte Kartoffeln gibt man vorsichtig in einen anderen Topf und salzt nach. Dadurch verliert sich der Brandgeschmack.

FOLIENKARTOFFELN

Bevor Folienkartoffeln eingewickelt werden, mit einer Gabel einstechen. Das verhindert ein Platzen beim Garen.

VERSCHIEDEN GROSSE KARTOFFELN

Verschieden große Kartoffeln werden gleichzeitig gar, wenn man die großen Exemplare an beiden Enden kappt, sodass alle etwa gleich groß sind.

GERIEBENE KARTOFFELN

Geriebene Kartoffeln sind sehr wässrig. Gibt man einige Stücke geriebenen Zwieback hinzu, ergibt sich die richtige Konsistenz. Reibekuchen werden dann besonders locker.

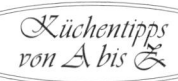

SCHRUMPELIGE KARTOFFELN

Kartoffeln, die alt und schrumpelig sind, 1 Tag in kaltes Wasser legen. Danach lassen sie sich besser schälen.

GEKOCHTE KARTOFFELN

Gekochte Kartoffeln bald verbrauchen, da sie nach 1–2 Tagen ein Gift entwickeln. Auch nicht mehr an Tiere verfüttern.

Fallen gekochte Kartoffeln auseinander, Kartoffeln zerdrücken und mit Knoblauch, Joghurt, Petersilie, Olivenöl, Salz und Pfeffer eine türkische Kartoffelcreme zubereiten.

ROHE KARTOFFELN

Rohe Kartoffeln, die schon geschält sind und noch nicht verwendet werden, in kaltes Wasser mit ein paar Tropfen Essig legen. Im Kühlschrank halten sie sich dann einige Tage frisch.

GEBACKENE KARTOFFELN

Werden Kartoffeln gebacken, eine Kerbe einschneiden oder Löcher in die Kartoffeln stechen, damit der Dampf entweichen kann.

Backkartoffeln lassen sich im Schnellverfahren zubereiten: 5 Minuten vorkochen oder einen großen Alunagel in jede Kartoffel stecken. Oder in Folie wickeln, auf das Gitter eines Schnellkochtopfes legen, Wasser bis kurz unter das Gitter auffüllen und 15 Minuten garen.

Gebackene Kartoffeln vor dem Aufwärmen kurz in kaltes Wasser tauchen, dann 10 Minuten bei 180 °C aufbacken.

KARTOFFELN SCHÄLEN

Beim Kartoffelschälen Schäler und Hände mit etwas Öl einreiben, dann bleiben die Schalen nicht kleben.

ÄLTERE KARTOFFELN

Sind Kartoffeln schon älter, dem Kochwasser 1 Zitronenscheibe beigeben. Das verbessert den Geschmack. Ältere Kartoffeln ungeschält in kaltes Wasser legen und zugedeckt langsam zum Kochen bringen. Gibt man die Kartoffeln in kochendes Wasser, können sie zerfallen.

SALZKARTOFFELN

Hält man Salzkartoffeln längere Zeit warm, werden sie leicht wässrig. Dies lässt sich vermeiden, wenn man über dem Topf ein Küchentuch ausbreitet, das den Wasserdampf aufnimmt. Salzkartoffeln bleiben hell, wenn man 1 Schuss Zitronensaft oder Essig zum Kochwasser gibt.

KARTOFFELN KOCHEN

Frische Kartoffeln in heißem Wasser zum Kochen bringen, ältere in kaltem Wasser aufsetzen und dann erst erhitzen, damit die Stärke langsam zum Quellen gebracht wird.
Gibt man dem Kartoffelwasser vor dem Kochen 1 EL Milch hinzu, entsteht weniger Dampf.

Kartoffelpuffer

KARTOFFELPUFFER MIT APPETITLICHER FÄRBUNG

Kartoffelpuffer bekommen eine besonders appetitliche Färbung, wenn unter den Teig ein paar geriebene Möhren gemischt werden.
Einige Tropfen Zitronensaft im Teig bewirken, dass die Fladen ihre helle Farbe behalten.

KEINE SPRITZER

Backt man Kartoffelpuffer, die geriebenen Kartoffeln vorher in eine Filtertüte geben. Dann läuft die überschüssige Flüssigkeit ab und die Puffer spritzen beim Backen nicht mehr.

KARTOFFELPUFFER ANBRATEN

Kartoffelpuffer im heißen Fett anbraten, bis sich der Rand goldbraun färbt. Dann erst wenden – jetzt bleiben sie nicht mehr an der Pfanne kleben.

Kartoffelsalat

Kartoffelsalat schmeckt lecker, wenn man ihn mit dem Essigwasser von Einmachgurken zubereitet.

Kartoffelscheiben

Kartoffelscheiben sind schnell geschnitten, wenn man die Kartoffel in einen Eierschneider gibt.

Käse

REIBEKÄSE

Benötigt man Reibekäse und hat nur weichen Käse im Haus, legt man diesen kurz ins Gefrierfach. Er lässt sich im gefrorenen Zustand dann gut reiben. Oder durch ein Sieb passieren.

KÄSE LAGERN

Käse wird am besten im Gemüsefach des Kühlschranks gelagert. In eine Schüssel geben und mit einem feuchten Tuch bedecken.

HARTER KÄSE

Hart gewordener Käse wird wieder verwendbar, wenn man ihn ein paar Stunden in ein mit Weißwein getränktes Tuch einschlägt oder vor dem Verzehr in warme Milch legt. Oder in eine Schüssel legen und etwas Buttermilch darübergießen. Harten Käse reiben und zum Überbacken verwenden. Ist er trocken und noch nicht ganz hart, die harten Stellen abschneiden und die Schnittflächen mit geschmolzener Butter bestreichen.

ÖLIGER KÄSE

Öligen Käse etwa 3 Tage in Küchenpapier wickeln.

KÄSE SCHNEIDEN

Zum Käseschneiden immer ein stumpfes Messer benutzen. Ist weicher Käse schwer zu schneiden, das Messer erhitzen oder einen Käseschneider aus Draht verwenden. Harter Käse, der schwer zu schneiden ist, in Klarsichtfolie wickeln und in der Mikrowelle 30–60 Sekunden auf der mittleren Stufe erhitzen.

KÄSESPIRALEN

Dünne Käsespiralen lassen sich einfach und dekorativ herstellen: mit einem scharfen Kartoffelmesser über die Schnittfläche des Käses ziehen.

Frischer Käse

Frischer Käse lässt sich schlecht reiben. Den Käse einige Zeit ins Gefrierfach legen, dann bleibt er nicht an der Käsereibe hängen.

Schimmelkäse aufbewahren

Hat man zu viel Schimmelkäse gekauft, z. B. Gorgonzola oder Roquefort, kann man diesen mit der gleichen Menge Butter und 1 Schuss Cognac mischen – so hält er sich wochenlang im Kühlschrank.

Käsefondue

Wein für Käsefondue

Für Käsefondue muss der Wein säuerlich sein. Ist kein trockener Wein im Haus, hilft man mit etwas Zitronensaft nach.

Klumpendes Käsefondue

Klumpt Käsefondue, 1 Schuss Essig zufügen, gut durchrühren – und die Masse wird wieder glatt.

Zu dünnes Käsefondue

Ist das Fondue zu dünn geraten, einfach etwas geriebenen Käse zugeben.

Käsekuchen

Käsekuchen sinkt nach dem Backen oft zusammen. Dem kann man vorbeugen, indem man den Kuchen, wenn er leicht gebräunt ist, 5 Minuten aus dem Ofen nimmt und anschließend fertig backt. Oder 10 Minuten vor Ende der Backzeit mit einer fein gezinkten Gabel mehrmals einstechen.

Käsetorte

EINGEFRORENE KÄSETORTE
Eingefrorene Käsetorte muss man langsam auftauen lassen. Das geht am besten im Kühlschrank.

OBERFLÄCHE
Die Oberfläche von Käsetorten wird schön goldgelb, wenn man sie 10 Minuten vor Ende der Backzeit mit lauwarmer Milch, die mit Zucker verrührt wurde, bestreicht.

KÄSETORTE FÜR DEN NÄCHSTEN TAG
Soll Käsetorte am nächsten Tag serviert werden, gemahlene Nüsse oder Paniermehl auf den Boden streuen, dann weicht der Tortenboden nicht auf.

Kasseler

DEFTIG
Brät man Kasseler in der Pfanne wie Koteletts, ist es in 10 Minuten fertig und schmeckt besonders deftig.

SAFTIG
Saftig schmeckt Kasseler, wenn man es in einem Sud aus Riesling und Zwiebelwürfeln zubereitet. Das Fleisch im Sud etwas abkühlen lassen.

Kaviar

Wenn Kaviar auf einem kalten Büfett angeboten wird, sollten die Löffel aus Kunststoff, Holz oder Horn sein.

Kekse

Kekse, die nach dem Backen nicht gleich vom Blech gelöst werden, kleben häufig an. Sie lassen sich ganz leicht abheben, wenn man das Blech nochmals kurz bei gleicher Temperatur in den Ofen schiebt.

Ketchup

Ketchup fließt leichter aus der Flasche, wenn man vor dem Gebrauch einen Strohhalm bis auf den Flaschenboden steckt und wieder herauszieht.

Kiwis

Kiwis enthalten das Eiweiß spaltende Enzym Actinidin. Es verursacht einen bitteren Geschmack, wenn Kiwis zusammen mit Milchprodukten zubereitet werden, z. B. bei Kiwiquark. Ein einfacher Trick hilft: geschälte Kiwis vor der Verwendung mit Milchprodukten mit heißem Wasser übergießen, kurz ziehen lassen. Dann verliert das Enzym seine Wirkung. Allerdings geht damit auch ein Teil des Vitamin C verloren.

Klößchen

Klößchen formen geht besonders schnell und einfach, wenn man dazu einen kleinen Eisportionierer verwendet.

Knäckebrot

Weiches Knäckebrot wird wieder knusprig, wenn man es kurz toastet.

Knoblauch

KNOBLAUCH SCHÄLEN

Lässt sich Knoblauch schwer schälen, mit kochendem Wasser übergießen, kurz ziehen lassen und dann kalt abschrecken.

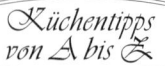

KNOBLAUCH AUFBEWAHREN
Knoblauch bleibt ziemlich lange frisch, wenn man ihn an einem trockenen Ort mit ausreichend Luftzufuhr aufbewahrt. Nicht im Kühlschrank lagern. Er wird bei Kälte bitter. In einer Plastiktüte verschweißt, lässt sich Knoblauch auch gut im Gefrierfach aufbewahren.

ÜBRIGE KNOBLAUCHZEHEN AUFBEWAHREN
Bleiben Knoblauchzehen übrig, diese mit Olivenöl begießen und kalt stellen. Dann halten sie wochenlang. Das Öl eignet sich für Salate.

KNOBLAUCH ERHITZEN
Frischer Knoblauch darf nie mitgekocht werden, da die Speisen sonst einen bitteren Geschmack bekommen. Vorsicht beim Anbraten von Knoblauch in heißem Fett. Er wird leicht bitter.

KNOBLAUCH PRESSEN
Knoblauch entfaltet sein Aroma am besten, wenn man ihn mit einer Knoblauchpresse zerdrückt oder mit einem Messer sehr fein hackt. Wer es milder mag, schneidet ihn in Scheiben. Gepresster Knoblauch ist wesentlich schärfer im Geschmack als in Scheiben geschnittener.

KNOBLAUCHGERUCH
Knoblauch riecht weniger intensiv, wenn vor dem Würzen der grüne Keimling im Innern entfernt wird.

FRISCHER KNOBLAUCH
Frischen Knoblauch erkennt man an dem weiß bis rosa gefärbten Hüllblatt. Bei älterem Knoblauch ist es dagegen gelblich. Ist der Keim der Zehen grün, ist dies auch ein Hinweis darauf, dass die Knolle bereits vor längerer Zeit geerntet wurde.

Knödel

KNÖDEL FORMEN

Knödel lassen sich gut formen, wenn man die Hände kurz zuvor in kaltes Wasser taucht oder mit Salatöl einreibt.

ÜBRIG GEBLIEBENE KNÖDEL

Übrig gebliebene Knödel einfrieren oder bayerische Essigknödel zubereiten. Sie werden wie Salat mit Essig, Öl, Salz und Pfeffer angemacht.

AUSEINANDERFALLENDE KNÖDEL

Fallen Knödel beim Kochen auseinander, die Reste mit einem Schaumlöffel herausheben und in ein mit Küchenpapier ausgelegtes Sieb legen und ausdrücken. In eine gebutterte Form schichten und 20 Minuten bei 180 °C backen.

Kochfisch

Kochfisch riecht nicht so stark, wenn man beim Kochen ein essiggetränktes Tuch zwischen Topf und Deckel hängt.

Kochlöffel

Man sollte beim Kochen nur mit einem Holzlöffel umrühren, da Metalllöffel auf manche Speisen chemisch reagieren.

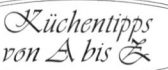

Kohl

KOHLGERUCH

Kohlgeruch kann man verhindern, indem man mit dem Kohl eine Scheibe Brot, am besten Roggenbrot, mitkocht. Riecht das Haus bereits nach Kohl, 3–4 Nelken in einer Pfanne mit Essig köcheln lassen.

KOHLGESCHMACK

Penetranter Kohlgeschmack wird abgeschwächt, wenn man die Blätter vor dem Kochen mit kochendem Wasser übergießt.

GESCHNITTENEN KOHL AUFBEWAHREN

Hat man zu viel Kohl geschnitten, hält er sich, in Alu- oder Klarsichtfolie verpackt, im Kühlschrank 1 Woche.

Kohlrouladen

Die Rouladen hält man mit einem Faden zusammen, der zu Grün eine Kontrastfarbe haben soll, damit man ihn später leichter entfernen kann.

Kokosnüsse

KOKOSNUSS ÖFFNEN

Kokosnüsse lassen sich auf verschiedene Arten öffnen:

- Das weichste der 3 Augen mit einem Spieß anstechen, die Milch auslaufen lassen und die Schale mit einem Hammer aufschlagen.
- Die Kokosnuss 20 Minuten bei 150 °C in den Backofen legen, dann mit einem leichten Schlag öffnen.

Alte Kokosnussraspel

Alte geraspelte Kokosnuss kann man mit 1 Prise Zucker 3 Minuten in Milch einweichen. Oder man hält sie in einem Sieb über kochendes Wasser, bis sie ausreichend feucht ist.

Konfitüren

Konfitüren sollten vor dem Einfüllen in Gläser erst durch eine Gelierprobe überprüft werden. Dazu etwas Fruchtmasse auf einen Teller geben und abkühlen lassen. Wenn sich schnell eine Haut bildet, kann abgefüllt werden, sonst noch etwas kochen lassen.

Konservendosen

Konservendosen mit gewölbtem Deckel immer wegwerfen. Der Inhalt ist ungenießbar!
Konservendosen dürfen keine Beschädigungen aufweisen, da sich sonst Zink löst.

Konservenfisch

Schmeckt Konservenfisch, z. B. Thunfisch oder Lachs, stark nach Dose, in frischer Flüssigkeit wie Öl oder Wasser 1 Stunde ziehen lassen.

Kopfsalat

Welker Kopfsalat wird wieder frisch, wenn man ihn in Wasser legt, in das man etwas Zitronensaft träufelt.

Koteletts

Zum Panieren gibt es einen Trick: alle Würzzutaten mit dem Ei verrühren. Auf diese Weise werden Koteletts gleichmäßiger gewürzt.

Krabben

Krabben schmecken nicht nach Dose, wenn man sie 10 Minuten in einer Mischung aus Sherry und Essig ziehen lässt.

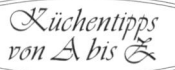
Kräuter

KRÄUTER AUFBEWAHREN

Bewahrt man frische Kräuter in einem offenen Plastikbeutel im Kühlschrank auf, bleiben sie länger frisch, da sich im Beutel Kondenswasser bildet. So lassen sich frische Kräuter am besten aufbewahren: fein gehackt in Gläser füllen, fest hineindrücken und mit Essig oder Öl übergießen. Der Glasinhalt sollte fingerbreit bedeckt sein. Gut verschlossen im Kühlschrank aufbewahren.

Getrocknete Kräuter werden lichtgeschützt in dunklen Gefäßen mit Schraubverschluss aufbewahrt.

KRÄUTER ERSETZEN

Frische Kräuter können im Winter durch Blätter von Bleichsellerie, Fenchelgrün, fein gehacktem Spinat oder selbst gezogenen Sprossen, z. B. Kresse, ersetzt werden.

KRÄUTER ZERKLEINERN

Kräuter nicht auf Holzbrettchen schneiden. Diese saugen nur den wertvollen austretenden Saft auf. Besser sind Plastikbrettchen.

Frische Kräuter entfalten ihr Aroma am besten, wenn sie in einem Mörser zerrieben werden.

KRÄUTER EINFRIEREN

Zum Einfrieren eignen sich fast alle Kräuter gut. Die Kräuter dazu 10 Sekunden in kochendem Wasser blanchieren, 1 Minute in kaltem Wasser abschrecken und zwischen Küchentüchern trocknen. Zum Einfrieren teilt man sie in esslöffelgroße Portionen auf und füllt diese in Plastikbeutel oder Döschen. Die Kräuter können unaufgetaut den Gerichten beigegeben werden.

Kräutertee

Kräutertees sollten in Keramik- oder Porzellangefäßen aufgegossen werden.

Kroketten

Werden Kroketten nicht fest, 1 TL Gelatine mit 2 EL kaltem Wasser anrühren, über kochendem Wasser auflösen. Unter den Krokettenteig rühren, stehen lassen. Beim Braten löst die Hitze die Gelatine und die Kroketten werden weich und locker.

Kuchen

KASTENKUCHEN

Kastenkuchen immer von der Mitte her anschneiden. Dann können die Randstücke zur Aufbewahrung wieder zusammengeschoben werden und der Kuchen bleibt länger frisch und saftig.

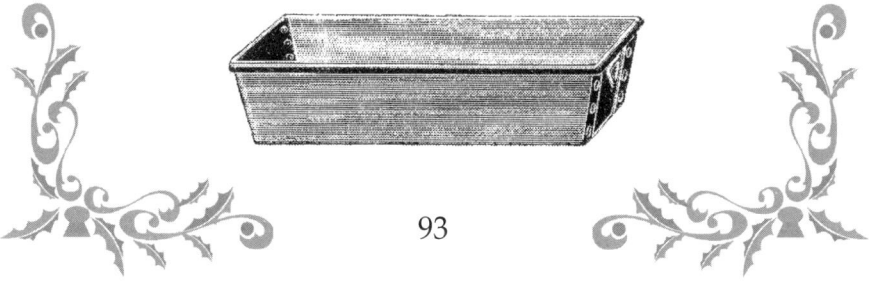

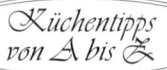

GEDECKTER KUCHEN

Zieht sich bei gedecktem Kuchen die Teigdecke zusammen, kann man die Löcher mit Teig flicken, wenn bereits die halbe Backzeit vorüber ist.

ZU BRAUNER KUCHEN

Kuchen, der zu braun geraten ist, kann wieder gerettet werden: Die dunklen Stellen vorsichtig mit einer Kartoffelreibe abhobeln, den Kuchen reichlich mit Puderzucker besieben oder mit einer Glasur überziehen. Ist der Kuchen jetzt zu klein geworden, in Schichten schneiden, mit Creme füllen und dann mit Glasur überziehen. Ist der Kuchen angebrannt, aber noch nicht fertig gebacken, die verbrannten Teile wegschneiden und den Kuchen mit folgender Paste bestreichen: 1 Ei mit 1 TL braunem Zucker verschlagen, mit einem Pinsel auftragen und den Kuchen fertig backen.

Wird Kuchen während des Backens an der Oberfläche zu dunkel, diesen auf die unterste Schiene des Backofens schieben und einen flachen Topf mit warmem Wasser auf einen Rost über den Kuchen stellen.

NICHT GLEICHMÄSSIG GEBACKENER KUCHEN

Backt der Kuchen nicht gleichmäßig fertig, sind z. B. die Ränder fertig, die Mitte aber noch weich, dann die Temperatur um 10 °C verringern und die Backzeit etwas verlängern. Nach ca. 15 Minuten nochmals kontrollieren. Ist frisch gebackener Kuchen in der Mitte zu hoch geworden, kann man ihn mit einer kleineren Form, die man fest daraufdrückt, wieder einebnen.

*Küchentipps
von A bis Z*

KRÜMELIGER KUCHEN

Ist der Kuchen krümelig geworden und lässt sich schlecht schneiden, friert man ihn ein, glasiert, schneidet ihn und taut ihn dann wieder auf.

KUCHEN AUFBEWAHREN

Kuchen trocknet weniger schnell aus, wenn man ihn rundherum mit zerlassener Butter bestreicht. Trocknet der Kuchen während des Lagerns aus, etwas Feuchtes unter die Abdeckhaube dazustellen. Das kann eine Apfel- oder Orangenscheibe sein. Die Scheibe alle 2 Tage wechseln.

SCHIEFER KUCHEN

Kommt Kuchen schief aus dem Ofen, oben gerade schneiden, umdrehen und mit Glasur überziehen.

ALTER KUCHEN

Alten Kuchen zu Bröseln reiben. Es gibt viele leckere Rezepte, in denen Kuchenbrösel benötigt werden.
Ist Kuchen nicht mehr ganz frisch, legt man ihn kurz in kalte Milch und backt ihn anschließend bei mittlerer Hitze nochmals im Ofen auf.

KUCHEN AUF DIE SCHNELLE

Eine Fertig-Vanillecreme herstellen, mit Ananas aus der Dose mischen und auf einen gekauften Biskuitboden streichen. Oder Quark, Schlagsahne, Zucker und Sahnesteif verrühren, mit Früchten der Saison mischen und auf einen gekauften Biskuitboden streichen.

GEFRORENER KUCHEN

Klebt gefrorener Kuchen an Zellophan fest, das Paket 20–30 Sekunden unter kaltes Wasser halten.

TROCKENER KUCHEN

Kuchen trocknet nicht aus, wenn während des Backens ein kleines Schälchen Wasser in den Backofen gestellt wird. Kuchen, der zu trocken geworden ist, kann man mit Zitronen- und Orangensaft beträufeln (auch mit Rum, Cognac, Wein). Dann mit Zuckerguss überziehen.

KUCHEN AUS DER FORM LÖSEN

Kuchen, der in der Form festsitzt, löst sich leichter, wenn man ihn auf ein nasses Tuch stellt. Oder man lässt die Form bzw. das Blech in ein nasses Tuch geschlagen längere Zeit abkühlen. Anschließend die Kanten mit einer Stricknadel, nicht mit einem Messer, lösen. Ein Kuchengitter obenauf legen, die Form umdrehen und den Boden der Form mit einem Löffel abklopfen. Klebt Kuchen an der Form fest, diesen kurz noch einmal erwärmen. Dann lässt er sich aus der Form lösen.

SCHNELL AUFGEHENDE KUCHEN

Schnell aufgehende Kuchen bremst man, indem man Makkaroniröhrchen in den Teig steckt.

SCHWARZE BACKBLECHFORMEN

Schwarze Backblechformen sind anderen vorzuziehen. Sie lassen mehr Wärmestrahlung durch, hellere Formen dagegen geben einen Teil der Wärme zurück. Kuchen bekommt in dunklen Formen auch eine feine Kruste und eine lockere Krume.

KUCHEN STÜRZEN

Kuchen, der aus dem Ofen kommt, vor dem Stürzen immer ein paar Minuten in der Form lassen.

96

KUCHEN EINFRIEREN
Kuchenreste werden nicht im Ganzen, sondern in Portionen
eingefroren.

MISSLUNGENER ZUCKERGUSS
Misslingt ein Zuckerguss, kann man die Oberfläche mit Scho-
kostreuseln bestreuen.

GERONNENE GLASUR
Die Glasur kann nicht gerinnen, wenn man zum Zucker
1 Prise Salz hinzufügt.

FESTE, HARTE GLASUR
Wird Glasur zu fest und hart, etwas Zitronensaft dazugießen.

GLATTER ZUCKERGUSS

Zuckerguss gelingt schön glatt, wenn man den Kuchen zuerst mit einer dünnen Schicht Glasur bestreicht. Ist sie getrocknet, wird die 2. Schicht aufgetragen.

ERDBEERGLASUR

Köstlich ist eine Erdbeerglasur: 2 EL Erdbeersaft mit ¼ Tasse Zucker und 1 EL Zitronensaft so lange verrühren, bis sich der Zucker auflöst.

ROTE KUCHENGLASUR

Kuchenglasur kann man mit dem Saft von Maraschinokirschen schön rot färben.

Küchenkräuter

KÜCHENKRÄUTER AUFBEWAHREN

Küchenkräuter bewahrt man am besten in Keramikbehältern im Kühlschrank auf oder hängt sie zum Trocknen auf einen Haken.

KÜCHENKRÄUTER SCHNEIDEN

Küchenkräuter am besten auf Porzellan, Glas oder Marmor schneiden, nicht auf einem Holzbrettchen.

Kuchenmischungen

Kuchen aus Fertigmischungen bekommen eine individuelle Note, wenn man sie mit abgeriebener Zitronenschale, Eigelb, geriebenen Nüssen, Rum, Zitronat oder Orangeat verbessert. Zum Schluss mit einer Glasur überziehen.

Kuchenteig

KUCHENTEIG AUSROLLEN

Teig lässt sich leichter ausrollen, wenn man das Nudelholz vorher 1 Stunde lang ins Eisfach legt und die Tischplatte mit Mehl bestäubt. Oder den Teig zwischen 2 Bögen Backpapier oder zwischen Plastikfolie legen und ausrollen.

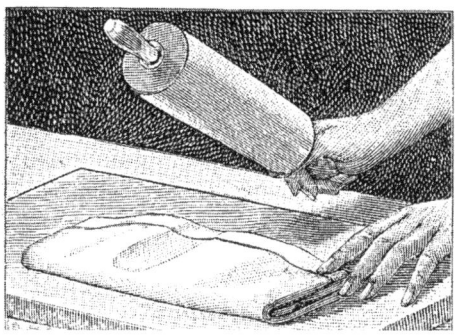

GERONNENER KUCHENTEIG

Ist Kuchenteig geronnen, die Teigschüssel in einen Topf mit heißem Wasser stellen. Gut durchrühren, der Teig wird dann nach einigen Minuten wieder glatt.

RÜHRTEIG

Ist die Butter oder Margarine für einen Rührteig zu kalt, diese mit einer Raspel in die Schüssel reiben. Dann lässt sie sich sofort verrühren.

INSTANTMEHL

Teig aus Instantmehl wird fester als Teig aus normalem Mehl. Deshalb mehr Flüssigkeit zugeben.

LOCKERER KUCHENTEIG

Kuchenteig aus vielen Eiern und reichlich Fett wird meist fest. Er wird dagegen locker, wenn man die Hälfte des Mehls

durch Speisestärke ersetzt. Kuchenteig wird auch lockerer, wenn die Eigelbe vor dem Hinzufügen schaumig geschlagen werden und man etwas Essig beimischt.

Blasen im Kuchenteig
Sind Blasen im Kuchenteig, den Teig in eine unzerbrechliche Schüssel füllen, die Schüssel etwa 20 cm über den Boden halten und fallen lassen.

Kuchenteig rühren
Kuchenteig soll immer im Uhrzeigersinn gerührt werden, dabei nie die Richtung wechseln. Sonst kann das Aufgehen des Teiges behindert werden.

Kühlhalten von Speisen
Ist im Kühlschrank, z. B. vor einer Party, kein Platz mehr, die Schüsseln mit den Speisen in größere Gefäße stellen, die man mit Salzwasser und Eiswürfeln füllt.

Kühlhalten von Wein
Kühlhalten von Wein für Partys ist einfach, wenn man die Flaschen in die mit kaltem Wasser und einer Handvoll Salz gefüllte Badewanne stellt.

Kürbis
Fader Geschmack
Schmeckt Kürbis fade, mit Ingwer oder Mangochutney nachhelfen.

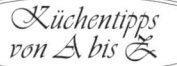

Kürbis strecken
Kürbis lässt sich mit Äpfeln, Birnen und Orangen strecken.

Lammkoteletts

Lammkoteletts braten
Lammkoteletts rollen sich nicht in der Pfanne, wenn man das Fett an den Kanten in zentimetergroßen Abständen einschneidet und die Koteletts sofort wendet.

Lammkoteletts servieren
Lammkoteletts immer so heiß wie möglich servieren.

Strenger Geschmack
Ist der Lammgeschmack zu streng, das Fleisch mit einem feuchten Tuch abwischen und mit dem Saft von 1 Zitrone und 2 EL Olivenöl gut einreiben. 2 Stunden ziehen lassen. Mit reichlich Knoblauch zubereiten.

Lauch

Zwischen den Blättern von Lauch sitzt oft viel Erde und Sand. Deshalb immer unter fließendem Wasser waschen und dabei die Blätter der aufgeschlitzten Stange auseinanderbiegen.

Leber

Leber häuten
Leber lässt sich mühelos häuten, wenn man sie vorher kurz in heißes Wasser taucht.

Leber braten
Leber spritzt in der Pfanne weniger, wenn man sie vor dem Braten mit der Gabel ansticht.

ZÄHE LEBER
Bei zäher Leber hilft Fleischzartmacher.

LEBER SALZEN
Leber erst salzen, wenn sie gebraten ist.

LEBER EINLEGEN
Leber vor dem Zubereiten 1 Stunde in Rotwein oder Milch einlegen.

Lebkuchen
Lebkuchen werden wieder weich, wenn man sie mit ½ Apfel einige Tage fest verschlossen in eine Dose legt.

Literpackungen
Milch und Säfte kleckern beim Ausgießen leicht. Deshalb am gegenüberliegenden Ende der Ausgusstülle zwei kleine Löcher einstechen – dann fließt der Inhalt gleichmäßiger heraus.

Lorbeerblätter
Lorbeerblätter lassen sich einfach aus dem Essen entfernen, wenn man sie in einem Tee-Ei mitgart.

Mais
GELBE FARBE
Mais wird besonders schön gelb, wenn man dem Kochwasser ein paar Spritzer Zitronensaft hinzufügt.

ZARTE MAISKÖRNER
Maiskörner bleiben schön zart, wenn man in das Kochwasser kein Salz streut. Maiskolben erst kurz vor dem Servieren mit

Salz bestreuen. Ins Kochwasser zusätzlich 1 Prise Zucker und etwas Butter geben.

FÄDEN

Die leicht klebenden Fäden an einem Maiskolben lassen sich mit einer alten Zahnbürste einfach entfernen.

Mandeln

Mandeln lassen sich einfach häuten, wenn man sie mit kochendem Wasser übergießt und etwas ziehen lässt. Oder man bedeckt die Mandeln mit Wasser und stellt sie 2 Minuten bei 600 Watt in die Mikrowelle. 2 Minuten ruhen lassen, dann das Wasser abgießen. Die Mandeln lassen sich jetzt problemlos häuten.

Mangoldgemüse

Man verwendet für die Zubereitung nicht nur die Blätter, sondern auch die schmackhaften Stiele, die nur noch klein geschnitten werden müssen.

Marmelade

EINGETROCKNETE MARMELADE

Eingetrocknete Marmelade wird schnell wieder flüssig, wenn man das geöffnete Glas in kochend heißes Wasser stellt und

etwa 5 Minuten darin kochen lässt. Evtl. mit frischen Früchten verbessern. Früchte pürieren und kurz mitkochen lassen. Marmelade frisch verzehren.

MARMELADE VERFEINERN
Marmeladengeschmack verfeinert man, indem man nach Belieben Rum, Wodka, Cognac oder Calvados dazugibt. Das verfeinert auch fertig gekaufte Marmeladen.

FLÜSSIGE MARMELADE
Wenn Marmelade nicht fest wird, Pektin oder Gelierzucker (etwa ¼ der Menge wie bei Gelee) zugeben.

AUSKRISTALLISIERENDE MARMELADE
Wenn Marmelade auskristallisiert, hat sich der Zucker nicht vollständig aufgelöst. Nochmals erhitzen, bis die Kristalle geschmolzen sind. Wieder in die Gläser füllen.

MARMELADENGLÄSER
Marmeladengläser platzen nicht, wenn sie beim Einfüllen der heißen Flüssigkeit auf einem feuchten Tuch stehen und man beim Einfüllen einen Silberlöffel hineinlegt. Oder man wärmt die Gläser im Backofen vor.

Marmorkuchen
Damit Marmorkuchen leicht und locker wird, rührt man in die Kakaomasse 4 TL Salatöl.

Marzipan
Marzipan bewahrt man im Kühlschrank auf. Es wird in ein feuchtes Tuch gewickelt.

Matjesfilet
Matjesfilet bekommt einen besonders zarten Geschmack, wenn man es 30 Minuten vor dem Servieren in Milch legt.

Mayonnaise

MAYONNAISE STRECKEN

Mayonnaise kann man strecken, indem man eine kalte gekochte Kartoffel hineinreibt. Oder mit saurer Sahne, Crème
fraîche oder Joghurt verrühren.

MAYONNAISE ANDICKEN

Mayonnaise wird schneller dick, wenn man die zu verwen-
denden Eier kurz vorher ins Tiefkühlfach legt.

GERONNENE MAYONNAISE

Geronnene Mayonnaise wird in einem neuen Gefäß mit 1 frischen Eigelb und 1 Prise Salz verrührt, dann tropfenweise Öl
dazugeben. Oder nach und nach heißes Wasser dazurühren.
Mayonnaise gerinnt nicht, wenn man vor dem Rühren zuerst
den Senf in die Schüssel gibt, dann erst das Eigelb. Alle Zutaten sollten möglichst gleich kühl sein. Außerdem sollte man
sie immer an einem warmen Ort zubereiten.

Meerrettich

MEERRETTICH REIBEN

Meerrettich lässt sich in gefrorenem Zustand reiben, ohne
dass die Augen tränen.
Geriebener Meerrettich wird nicht dunkel, wenn man ihn mit
etwas Zitronensaft beträufelt.

Küchentipps von A bis Z

SCHÄRFE MILDERN
Sahne und Apfel mildern die Schärfe von Meerrettich.

Mehl

MEHL AUFLÖSEN
Mehl lässt sich ohne Klumpen in Wasser auflösen, wenn man 1 Prise Salz untermischt.

MEHL AUFBEWAHREN
Da Mehl leicht fremde Gerüche annimmt, sollte man es in einem verschließbaren Gefäß aufbewahren.

Melonen

MELONEN KAUFEN
Beim Einkauf von Melonen sollte man auf ihren Duft achten. Melonen ohne Geruch sind noch nicht reif.

HONIGMELONEN
Die Schale von Honigmelonen darf nicht grün sein. Bei reifen Melonen hört man das Rasseln der Samenkerne im Inneren, wenn man sie schüttelt.

ÜBERREIFE MELONEN
Ist die ganze Melone weich, ist sie überreif. Richtig ist sie, wenn nur der Nabel ein wenig weich ist.

Milch

NICHT SAUER
Milch wird nicht sauer, wenn man sie mit Zucker abkocht.

AUFBEWAHRUNG
Milch sollte nur in Glasgefäßen, glasierten Gefäßen oder un-beschädigten Emailletöpfen aufbewahrt werden. In flachen Gefäßen hält sie sich besser als in hohen.

ÜBERKOCHEN
Wenn Milch überkocht, kann man den Fluss auf die Herd-platte schnell mit Salz stoppen. Sie kocht nicht über, wenn man den Topfrand mit Butter bestreicht. Übergekochte Milch sofort vom Herd ziehen. Den Herd sofort mit Essigwasser im Verhältnis 1:1 reinigen.

MILCH OHNE HAUT
Schockt man heiße Milch mit einem Eiswürfel, bekommt sie keine Haut.

MILCHKOCHTÖPFE
Kochtöpfe für Milch vor Gebrauch mit kaltem Wasser aus-spülen, damit die Milch nicht so leicht anbrennt. Oder ein-fach 1–2 EL Zucker hinzufügen.

Milchmixgetränke
Milchmixgetränke werden cremiger und schmecken frischer, wenn man 1 Kugel Vanilleeis ins Glas gibt.

Milchreis
ZUBEREITUNG
Milchreis zuerst mit reichlich Wasser kochen, dann das Was-ser abgießen. Jetzt die Milch hinzufügen und fertig kochen, dann wird der Reis schön weiß und klebt nicht.

NICHT KLEBRIG
Milchreis wird manchmal etwas klebrig. In diesem Fall hilft es, kurz vor dem Anrichten steif geschlagenen Eischnee unterzuziehen.

Miso

Miso, eine fermentierte Sojabohnenpaste, kann anstelle von
gekörnter Gemüsebrühe zum Würzen verwendet werden.

Mohn

HALTBARKEIT

Mohn nie auf Vorrat kaufen. Er wird schnell ranzig und sollte
immer kurz vor Gebrauch gemahlen werden.

LOCKERER MOHNKUCHEN

Mohnkuchen wird besonders fein und locker, wenn man etwas geriebenen Zwieback unter den Mohn mischt.

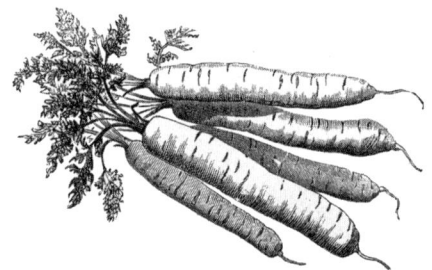

Möhren

LEICHTERES SCHABEN

Möhren schaben kann man sich erleichtern; statt mit einem
Messer schaben einfach mit einem Topfkratzer abschrubben.

KEIN ALUMINIUMTOPF

Möhren nie in einem Aluminiumtopf kochen, da sie sonst
ihre rote Farbe verlieren und unansehnlich grau werden.

MÖHREN WÜRZEN

Schmecken Möhren langweilig, helfen folgende Gewürze:
Ingwer, Muskatblüte, Majoran, Schnittlauch, Thymian, Dill
oder 1 Schuss Orangensaft.

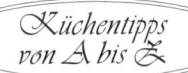

MÖHREN WIEDER FRISCH

Ältere Möhren über Nacht in Eiswasser mit dem Saft von 1 Zitrone legen. Zum Kochen pro Tasse Kochwasser 1 Prise Zucker und ¼ TL Salz hinzufügen.

VERKOCHTE MÖHREN

Verkochte Möhren pürieren, mit Crème fraîche verfeinern und servieren. Oder eine Möhrencremesuppe daraus zubereiten.

MÖHREN LAGERN

Möhren halten sich in Folie gewickelt im Kühlschrank fast 1 Monat.

Mürbeteig

AUFBEWAHRUNG

Mürbeteig kann man bis zu 1 Woche im Kühlschrank aufbewahren, wenn man ihn in Backpapier einwickelt. Im Gefrierschrank hält er sich 2 Monate.

BESONDERS LOCKER

Kleine Gebäckstücke mit Mürbeteig werden besonders locker und zart, wenn man die Eier mit etwas Zitronensaft verquirlt.

KRÜMELIGER MÜRBETEIG

Ist Mürbeteig zu krümelig, etwas geschmacksneutrales Öl zugeben.

LEICHTES AUSROLLEN
Mürbeteig lässt sich problemlos zwischen 2 Bögen Klarsicht-folie ausrollen. Dann klebt er weder am Nudelholz noch an der Arbeitsfläche.

ZUBEREITUNG
Bei der Zubereitung müssen Butter oder Margarine immer kalt verarbeitet werden. Den Teig mit möglichst kühlen Hän-den schnell kneten.

NICHT EINFETTEN
Bei Mürbeteig müssen Backformen und -bleche nicht einge-fettet werden.

EINFRIEREN
Mürbeteig kann problemlos eingefroren werden. Im Kühl-schrank auftauen lassen und danach weiterverarbeiten.

Muscheln
Muscheln sollte man im Binnenland nur in der kühlen Jahres-zeit kaufen (in den Monaten mit „r"). Beschädigte Muscheln nicht mitkochen, es besteht sonst die Gefahr einer Eiweißver-giftung. Muscheln, die sich nach dem Kochen nicht öffnen, aussortieren.

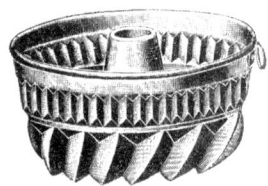

Napfkuchen
ZUSAMMENFALLEN VERMEIDEN
Napfkuchen fällt beim Backen oft zusammen. Ein Stückchen rohe Makkaroni senkrecht in die Mitte des Teiges stellen. Die

Makkaroni wirkt wie eine Art Lüftungskamin. Der Kuchen behält dann seine Form.

LEICHTER AUS DER FORM LÖSEN

Damit sich der Kuchen leichter aus der Form löst, diese einfach ein paar Minuten auskühlen lassen. Vor dem Backen die Form mit gemahlenen Mandeln oder Nüssen ausstreuen.

Natron

Natron macht viele Speisen weich, z. B. Fleisch und Hülsenfrüchte.

Nelken

Das Gewürz entwickelt seine volle Geschmacksintensität, wenn es mitgekocht wird, z. B. bei Glühwein oder Punsch.

Netzmelone

Um herauszufinden, ob eine Netzmelone reif ist, die Frucht in der Nähe des Stielansatzes leicht drücken. Gibt sie nach, ist sie reif.

Nieren

NIEREN EINLEGEN

Nieren wie Leber immer einige Stunden vor der Zubereitung in Milch einlegen.

VOR DER ZUBEREITUNG

Nieren vor der Zubereitung immer halb aufschneiden, dann die Kanäle entfernen bzw. mit heißem Wasser überbrühen.

NIEREN BRATEN

Nieren immer nur kurz anbraten, sonst werden sie hart.

Nockerl

Nockerl, die zerkocht sind, kann man retten, indem man sie aus der Flüssigkeit schöpft und mit Ei, Grieß oder Paniermehl formt.

Nudelholz

Hat man kein Nudelholz zur Hand, kann man sich mit einer leeren Weinflasche behelfen. Diese mit kaltem Wasser füllen, zukorken und kurz in den Kühlschrank legen.

Nudeln

ÜBERKOCHEN

Wenn Nudeln überkochen, auf die Wasseroberfläche blasen. Vorgang öfter wiederholen. Dann 1 EL Öl auf das Wasser geben.

ZUSAMMENKLEBENDE NUDELN

Kleben Nudeln nach dem Abgießen zusammen, kurz in kochendes Wasser eintauchen, dem 1 Schuss Öl beigegeben wird. Zur Vorbeugung stets 1 Schuss Öl ins Kochwasser geben.

NUDELTEIG

Nudelteig lässt sich leichter ausrollen, wenn man ihn vorher ½ Stunde unter einer erwärmten Schüssel lagert.

NUDELN KOCHEN

Nudeln immer in kochendes Salzwasser geben, sonst verlieren sie ihre Form und werden schmierig.

NUDELN WARM HALTEN

Nudeln kann man folgendermaßen warm halten: in ein Salatsieb geben und dieses über einen Topf mit kochendem Wasser hängen. Dann verkleben die Nudeln nicht und bleiben warm.

Nüsse

NÜSSE KNACKEN
Zerbröseln Nüsse beim Knacken, die restlichen ungeschälten Nüsse über Nacht in Salzwasser legen.

NÜSSE HÄUTEN
Sind Nüsse schwer zu häuten, diese in einen Topf mit heißem Wasser geben und 3 Minuten ziehen lassen. Dann lässt sich die Schale leicht ablösen.

SCHALEN VON KERNEN TRENNEN
Haben sich Schalen mit den Kernen vermischt, alles in eine Schüssel mit Wasser geben. Die Schalen steigen dann an die Oberfläche und die Nüsse sinken herab.

ANGESCHIMMELTE NÜSSE
Angeschimmelte Nüsse wegwerfen. Sie sind giftig.

FRISCHETEST
Um festzustellen, ob Nüsse frisch sind, hilft folgender Test: Klappert der Kern in der Schale beim Schütteln, ist die Nuss alt. Je heller der Nusskern, desto frischer ist die Nuss.

Nussgebäck
Nüsse, Mandeln und Kokosraspeln werden bei längerer Lagerung ranzig. Der ranzige Geschmack verstärkt sich durch das Backen. Deshalb vor der Teigzubereitung die verwendeten Nüsse immer probieren.

Obst

TIEFGEKÜHLTES OBST

Benötigt man von einer Packung tiefgekühltem Obst nur einen Teil, schneidet man einfach die entsprechende Menge mit einer Säge ab. Den Rest mit Gefrierfolie umwickeln und in die Tiefkühltruhe zurücklegen.

ERFRORENES OBST

Erfrorenes Obst kann meist noch verwendet werden, wenn man es eine Weile in kaltes Salzwasser legt.

SCHIMMELIGES OBST

Ist im Obstkorb eine Frucht schimmelig geworden, den Korb sofort mit Salz und einer feuchten Bürste reinigen. Gut ausspülen und trocknen lassen. So vermeidet man, dass sich die Schimmelsporen auf das andere Obst ausbreiten und es verderben.

OBSTHAUT

Haut, z. B. von Pfirsichen, Aprikosen oder Mandeln, löst sich leichter, wenn man die Früchte nicht nur überbrüht, sondern danach mit kaltem Wasser abschreckt oder darin abkühlen lässt.

Obstkuchen

ZUBEREITUNG

Bei der Zubereitung eines Obstkuchens einen Teil des Tortengusses schon vor dem Garnieren herstellen. 2–3 EL Guss auf den fertigen Boden streichen. Es bildet sich schnell eine Haut, die den Obstsaft nicht mehr durchlässt. Dann hält sich der Kuchen auch bei längerem Stehen, ohne dass der Boden aufweicht. Abhilfe gegen das Durchweichen schaffen auch Backoblaten. Sie werden auf dem Tortenboden verteilt, darauf kommen dann die Früchte. Eine dritte Möglichkeit ist, etwas Sahnesteif auf den Tortenboden zu streuen.

OBSTKUCHEN BACKEN

Beim Backen von Obstkuchen läuft häufig Saft aufs Blech. Das lässt sich vermeiden, wenn man anstelle von normalem Zucker Gelierzucker verwendet.

OBSTKUCHEN SCHNEIDEN

Damit sich eine Obst-Baiser-Torte nach dem Backen besser schneiden lässt, streut man etwas Zucker auf die Baisermasse. So bleibt nichts am Messer kleben.

TIEFGEFRORENES OBST

Tiefgefrorenes Obst kann mitgebacken werden, vorausgesetzt, die Früchte wurden einzeln tiefgefroren.

Obstmus

Obstmus sollte man niemals in einem Kupferkessel erkalten lassen. Der sich dabei durch die Fruchtsäure bildende Grünspan ist giftig.

Öl

LÄNGERE HALTBARKEIT

Öl bleibt länger haltbar, wenn man vor dem Einfüllen etwas Salz in den Ölbehälter streut.

ÖL LAGERN

Öl nicht im Kühlschrank aufbewahren, da der Geschmack darunter leidet. Am besten in dunklen, lichtgeschützten Flaschen an einem dunklen Platz bei mäßiger Temperatur aufbewahren.

Oliven

ANGEBROCHENES GLAS

Oliven im angebrochenen Glas schimmeln nicht, wenn man sie mit Öl oder Zitronensaft bedeckt.

OLIVEN ENTKERNEN

Oliven, die schwer zu entkernen sind, auf Küchen- oder Wachspapier legen und sanft mit einem Nudelholz darüberrollen. Bei leichtem Druck springt der Kern dann anschließend sofort heraus.

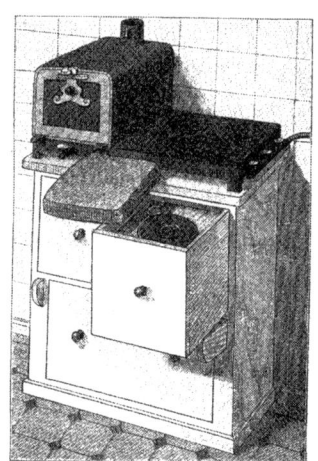

Olivenöl

Olivenöl wird nicht so schnell ranzig, wenn man 1 Stück Würfelzucker in die Flasche gibt.

116

Ölsardinen

Ölsardinen nie in der geöffneten Dose aufbewahren! Bei Luftzufuhr entsteht durch Blech und Öl eine giftige Verbindung.

Omelett

ALS SUPPENEINLAGE

Es ist nützlich, davon mehr zuzubereiten, als man braucht. Die restlichen Omeletts in feine Streifen schneiden und portionsweise einfrieren. Ideal als schnelle Suppeneinlage.

HART GEWORDENES OMELETT

Ein hart gewordenes Omelett in Quadrate oder Streifen schneiden und zum Garnieren klarer Suppen verwenden.

Orangen

ORANGEN ENTSAFTEN

Zum Entsaften sind dünnschalige Orangen am ergiebigsten.

SAFTIGE ORANGEN

Orangen werden saftiger, wenn man sie auf dem Tisch hin- und herrollt. Oder kurz in heißes Wasser oder in den warmen Backofen legen.

ORANGENSCHNITZE HÄUTEN

Orangenschnitze häuten geht ganz einfach: Man schneidet mit einem scharfen Messer die Oberkante des Fruchtstücks ein und zieht dann die Haut seitlich ab.

ORANGEN SCHÄLEN

Sind Orangen schwer zu schälen, kochendes Wasser darübergießen und 5 Minuten ziehen lassen. Dann lassen sie sich leicht schälen und der weiße Belag löst sich ebenso einfach.

Oregano

Damit Oregano sein Aroma in den Speisen voll entfalten kann, muss er mitgekocht werden.

Panade

ABFALLENDE PANADE

Fällt die Panade ab, beim Servieren einfach Soße über die Stellen gießen (keine durchsichtige). Zur Vorbeugung folgende Schritte beachten: Das zu panierende Lebensmittel abtrocknen, dann in Mehl tauchen und den Überschuss abschütteln. In verschlagenes Ei, vermischt mit ein paar Tropfen Öl, tauchen, in die Brösel legen, kurz andrücken, wenden und wieder andrücken. ½–1 Stunde auf Wachspapier in den Kühlschrank legen.

ZU WENIG PANADE

Hat man zu wenig Panade, kann man diese mit Parmesan oder zerdrückten Cornflakes strecken.

Panieren

Wenn vom Paniermehl Reste übrig bleiben, einen Paniermehlstreuer aus einem Marmeladenglas anfertigen. Einfach in den Deckel mit einem Dosenöffner Löcher drücken und das Paniermehl einfüllen.

Paniermehl

Paniermehl kann man einfach selbst herstellen: 1 Scheibe Brot und 1 Brötchen bei höchster Stufe in die Mikrowelle legen. Anschließend das Ganze zerreiben.

Paprikapulver

Paprikapulver niemals anbraten, es wird sonst leicht bitter.

Paranüsse

Paranüsse lassen sich ganz aus der Schale lösen, wenn sie vor dem Knacken eingefroren werden. Oder man legt die Nüsse bei 175 °C 15 Minuten in den Ofen.

Parmesan

PARMESAN REIBEN

Parmesan lässt sich einfach reiben, wenn man ihn eine Weile in das Tiefkühlfach legt und im gefrorenen Zustand reibt. Dadurch verklebt die Reibe nicht und der Käse lässt sich einfacher verarbeiten.

PARMESAN AUFBEWAHREN

Parmesan hält sich über mehrere Wochen frisch, wenn er am Stück in Salz aufbewahrt wird.

Pastete

Ist die Pastete bröckelig geworden, diese in eine Schüssel umfüllen und wie weiche Pastete servieren. Oder die Pastete mit etwas Butter in die Küchenmaschine geben, durchkneten und wieder in die Form zurückfüllen.

Pellkartoffeln

PELLKARTOFFELN SCHÄLEN

Pellkartoffeln lassen sich besser schälen, wenn man die Kartoffeln kurz vor dem Pellen mit kaltem Wasser abschreckt.

PELLKARTOFFELN SCHNEIDEN

Pellkartoffeln für Kartoffelsalat lassen sich schön gleichmäßig mit dem Eierschneider in Scheiben schneiden.

Petersilie

PETERSILIE IM WINTER

Im Winter hat man immer frische Petersilie, wenn man ein paar Petersilienwurzeln in die Erde steckt, ans Fenster stellt und regelmäßig gießt. Die Wurzeln treiben aus und man kann frische Petersilie ernten.

PETERSILIE HACKEN

Ist Petersilie schwer zu hacken, diese kurz unter heißes Wasser halten und mit Küchenpapier trocken tupfen. Oder mit der Küchenschere zerkleinern.

PETERSILIE EINFRIEREN

Große Mengen an gehackter Petersilie anfeuchten, in Joghurtbecher füllen, verschließen und einfrieren. Sie bleibt sogar streufähig!

AROMA UND SAFT

Aroma und Saft von Petersilie bleiben besser erhalten, wenn man sie nicht in kaltem, sondern in lauwarmem Wasser wäscht.

WELKE PETERSILIE

Welke Petersilie wird wieder knackig, wenn man sie 30 Minuten in lauwarmes Wasser legt, dem man ein paar Spritzer Zitronensaft zugibt.

Pfannkuchen

Zu viel Teig

Wurde zu viel Teig zubereitet, diesen ausbacken und die Pfannkuchen mit zwischengelegtem Butterbrotpapier einfrieren; sie lassen sich einfach wieder aufwärmen.

Lockere Pfannkuchen

Pfannkuchen werden besonders locker, wenn man in den Teig 1 Schuss Bier oder Mineralwasser rührt.

Pfirsiche

Kein Verfärben

Damit sich Pfirsiche nicht verfärben, nach dem Schälen sofort mit Zitronensaft beträufeln.

Pfirsiche schälen

Sind Pfirsiche schwer zu schälen, gibt es verschiedene Möglichkeiten: Feste Pfirsichhaut kann mit dem Schäler abgezogen werden. Weiche Pfirsiche können wie Tomaten geschält werden. Dazu mit kochendem Wasser überbrühen und 3 Minuten ziehen lassen. Oder 10 Sekunden auf höchster Stufe in die Mikrowelle legen, 5 Minuten warten und dann schälen. Oder die Früchte auf eine Gabel gespießt über eine Gasflamme halten, bis die Haut platzt und leicht abzuziehen ist.

Unreife Pfirsiche

Unreife Pfirsiche 1–2 Tage in einer verschlossenen braunen Papiertüte aufbewahren.

Pflaumenkuchen

Um zu verhindern, dass der Obstsaft in den Backofen läuft, belegt man den Kuchenrand mit Apfelschnitzen.

Pflaumenmus

Pflaumenmus bleibt länger haltbar, wenn man auf die Oberfläche eine dicke Schicht Zimt streut.

Pilze

PILZE WASCHEN

Stark verschmutzte Pilze werden immer unter fließendem kaltem Wasser gewaschen. Legt man sie zur Reinigung in eine Schüssel mit Wasser, saugen sie sich mit Wasser voll.

ZUBEREITUNG

Pilze dürfen nie in Eisen- oder Aluminiumtöpfen oder -pfannen zubereitet werden. Es könnte sonst zu Verfärbungen und Geschmacksveränderungen kommen.

PILZE TROCKNEN

Größere Pilzmengen lassen sich durch Trocknen an der Luft oder in einem Dörrapparat (in Bioläden erhältlich) konservieren. Die geputzten Pilze in dünne, blättrige Scheiben schneiden und locker auf Packpapier ausbreiten. An einem luftigen Ort trocknen lassen. Dicht verschlossen in Schraubgläsern aufbewahren.

Bereits kleine Mengen Trockenpilze geben Suppen, z. B. Kartoffel- oder Gemüsesuppen, ein feines Aroma. Getrocknete Pilze sollten möglichst schon 1 Tag vor Gebrauch in Wasser eingeweicht werden, dann werden sie schön weich. Der aromatische Einweichsud lässt sich beim Kochen sehr gut mitverwenden.

Küchentipps von A bis Z

Pizza

ANGEBRANNTE PIZZA

Ist Pizza angebrannt, die schwarzen Stellen abkratzen. Ist der Boden zu stark verbrannt, den Belag auf Toast servieren.

PIZZA SCHNEIDEN

Lässt sich Pizza nicht schneiden, eine Schere nehmen.

Plätzchen

HARTE PLÄTZCHEN

Harte Plätzchen werden wieder weich, wenn sie zusammen mit etwas Feuchtem in einem luftdichten Behälter gelagert werden, z. B. 1 Gläschen Wasser, 2–3 Scheiben frisches Brot oder 1 Apfelstück.

BRÖSELIGER PLÄTZCHENTEIG

Ist Plätzchenteig bröselig, diesen ½ Stunde unter einem feuchten Tuch stehen lassen.

KLEBRIGER PLÄTZCHENTEIG

Klebt Plätzchenteig an der Hand, die Hände in kaltem Wasser waschen oder mit einem Eiswürfel abreiben. Dann weiterarbeiten, ohne die Hände abzutrocknen.
Klebt Plätzchenteig am Nudelholz, das Nudelholz 10 Minuten in den Gefrierschrank legen.

AUSEINANDERLAUFENDE PLÄTZCHEN

Laufen Plätzchen auf dem Blech zu stark auseinander, ist meist das Blech zu warm. Vor dem nächsten Backvorgang das Blech umdrehen und kaltes Wasser darüberlaufen lassen. Die Plätzchen auf die Oberseite legen und backen.
Laufen Plätzchen beim Backen nicht so auseinander, wie sie es sollten, etwas Kaltes, Glattes nehmen und die Plätzchen damit mit kreisenden Bewegungen flach drücken. Man kann dazu z. B. einen Löffel in kaltes Wasser tauchen.

123

PLÄTZCHEN MIT SCHOKOÜBERZUG

Plätzchen mit Schokoüberzug dürfen nicht im Kühlschrank aufbewahrt werden. Denn bei zu kalten Temperaturen läuft die Schokolade an und bekommt eine unschöne graue Farbe.

Pommes frites

Will man Pommes frites aufwärmen, ohne dass sie hart und unverdaulich werden, hängt man sie in einem Sieb über Wasserdampf.

Pottasche

Pottasche oder Hirschhornsalz, das man für die Herstellung von schweren Teigen, z. B. Lebkuchen, benötigt, wird vor Gebrauch in etwas kaltem Wasser oder kalter Milch angerührt. Keine heiße Flüssigkeit verwenden – sie würde die Triebkraft zerstören.

Pudding

LOCKERER PUDDING

Pudding wird besonders locker, wenn man 1–2 EL steif geschlagenes Eiweiß unterhebt.

ZU FESTER PUDDING

Ist Pudding zu fest geworden, liegt die Ursache in der Verwendung von zu viel Bindemittel, zu vielen Eiern und zu langem Kochen. Man rettet ihn, indem man ihn vor dem Servieren mit einer dünnflüssigen Soße übergießt, auch Rum-

topffrüchte und -flüssigkeit eignen sich dazu. Schokoladen-
pudding lässt sich mit Eierlikör aufpeppen.

PUDDINGHAUT
Bildet sich auf der Oberfläche eine Haut, 1 TL Zucker darauf-
streuen oder Butterbrot- oder Backpapier darauflegen, auskühlen lassen und dann abnehmen.

Puderzucker

Hat man keinen Puderzucker vorrätig, normalen Zucker in
den Mixer geben. So erhält man in kürzester Zeit feinsten Puderzucker.

Quark

Quark bleibt länger frisch, wenn man die unangebrochene
Packung im Kühlschrank auf den Kopf stellt.

Quiche

Ist die Kruste der Quiche schwammig, z. B. bei der Verwendung von nassem Gemüse, schneidet man diese vor dem Servieren einfach ab.

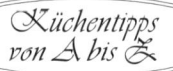

Radieschen

Sind Radieschen welk, weich und schwammig, diese 2–3 Stunden in Eiswasser legen. Evtl. 1 TL Essig oder den Saft von 1 Zitrone dazugeben. Sie welken nicht so schnell, wenn man sie mit den Blättern nach unten in ein mit Wasser gefülltes Glas stellt. Die Knollen sollen dabei aber nicht nass werden. Zusätzlich in den Kühlschrank stellen und das Wasser täglich wechseln.

Räucherlachs

Hat man irrtümlich eine Packung ungeschnittenen Räucherlachs gekauft, schneidet man die Haut weg, entfernt die Restgräten mit einer Pinzette, zerteilt den Fisch grob und dreht ihn durch den Fleischwolf. Mit etwas Zitronensaft, Dill und Crème fraîche verrührt, ergibt das eine köstliche Lachscreme.

Reis

ÜBERKOCHEN

Wenn Reis überkocht, hilft es, für kurze Zeit auf die Oberfläche zu blasen. Besser ist es, wenn man bereits zu Anfang ein Stück Butter dazugibt oder den oberen inneren Topfrand mit Butter einstreicht.

WEISSER REIS

Reis bleibt weiß, wenn er in sehr viel kochendem Salzwasser (etwa die dreifache Menge) im offenem Topf gegart wird. Oder ein paar Tropfen Zitronensaft hinzufügen.

ZUSAMMENGEKLUMPTER REIS

Zusammengeklumpten Reis 10 Minuten in einer Form in den Backofen stellen. Dann mit Soße oder reichlich Gemüse servieren.

126

Küchentipps von A bis Z

ANGEBRANNTER REIS

Ist Reis angebrannt, den Topf vom Herd ziehen und 1 Kanten Brot auf den Reis legen. Den Reis 5 Minuten stehen lassen. Danach müsste der angebrannte Geschmack verschwunden sein.

REIS AUFWÄRMEN

Kalter Reis lässt sich am besten in einem Sieb über kochendem Wasser erwärmen (das Sieb darf dabei das Wasser nicht berühren).

UNGLEICHMÄSSIGES GAREN

Wenn Reis ungleichmäßig gart, d. h. die untere Schicht im Topf schon gar ist, die obere aber noch hart, entweicht zu viel Dampf. Reis einmal gut durchrühren, zwischen Topf und Deckel ein Küchentuch legen und fertig garen.

WÜRZIGER REIS

Reis, der mit Bouillon, Gemüse- oder Fleischbrühe gegart wird, schmeckt würziger!

SCHNELLE GARMETHODE

Wenn das Reiskochen schnell gehen soll: Etwas Öl im Topf erhitzen, Reis zugeben, im Öl wenden, mit der doppelten Menge Wasser aufgießen und sprudelnd kochen lassen. Zugedeckt bei niedriger Hitze ausquellen lassen. So brennt nichts an und kocht nichts über.

DUFTENDER REIS

Damit Reis auch nach längerer Aufbewahrung noch lecker duftet, 1 Lorbeerblatt ins Reisgefäß geben.

REIS FÄRBEN

Reis kann man mit Safran gelb färben. Preiswerter geht es mit Kurkuma (Gelbwurz) oder Curry.

Remouladensoße

Remouladensoße, die zu dünn geworden ist, wird dicker, wenn man 1 hart gekochtes Ei zugibt.

Rettich

ÄLTERER RETTICH

Älterer Rettich wird wieder frisch, wenn man ihn für ein paar Stunden in kaltes Wasser legt.

RETTICH LAGERN

Rettiche bleiben länger frisch, wenn man sie mit den Blättern nach unten in kaltem Wasser aufbewahrt.

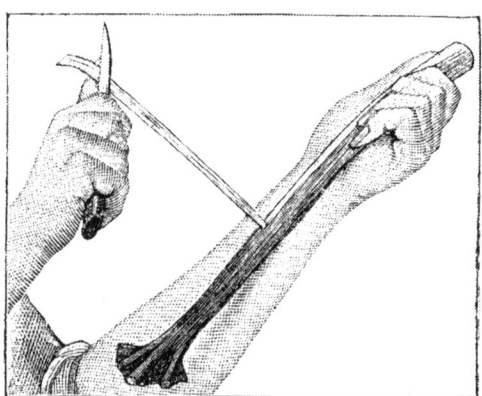

Rhabarber

Ist Rhabarber zu sauer, ihn in Stücke schneiden und 3 Minuten in heißem Wasser mit 1 Prise Salz ziehen lassen. Dann nach Rezept weiterverarbeiten.

Rinderbraten

SAFTIGER RINDERBRATEN

Rinderbraten wird besonders saftig, wenn man das Fleischstück vor dem Anbraten kurz in kochendes Wasser taucht.

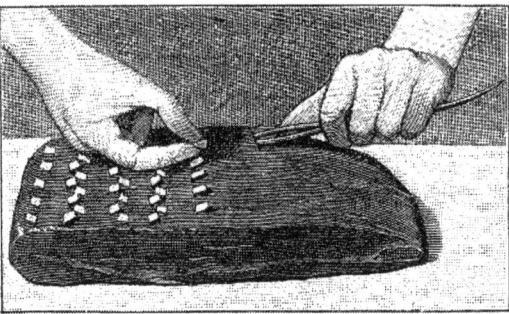

RINDERBRATEN SPICKEN

Will man Rinderbraten mit einer Spicknadel spicken, reißen die Speckstreifen oft ab. Das passiert nicht, wenn man die Spicknadel vor der Zubereitung in heißes Wasser taucht.

Roastbeef

ROASTBEEF SCHNEIDEN

Roastbeef ist leichter zu schneiden, wenn man es nach dem Herausnehmen aus dem Ofen 15 Minuten ruhen lässt. Dann setzen sich die Säfte und es fällt beim Schneiden nicht mehr so leicht auseinander.

ROASTBEEF BRÄUNEN

Wird Roastbeef nicht braun, liegt das am Dampf, denn dieser verhindert das Bräunen. Deshalb das Fleisch am besten in einer flachen Form ohne Deckel braten.

ANGEBRANNTES ROASTBEEF

Ist Roastbeef angebrannt, die dunklen Stellen entfernen und den Rest in dünne Scheiben schneiden.

ZÄH UND TROCKEN

Sind die Scheiben zäh und trocken, mit einer Soße servieren, z. B. als mariniertes Fleisch.

ZU ROH
Ist das Fleisch noch zu roh, die äußeren Stücke zuerst servieren, das Mittelstück währenddessen weiterbraten.

ZU ZÄH
Ist das Fleisch zu zäh, hauchdünn geschnitten servieren und eine Remouladensoße dazu reichen.

ZU GERINGE FLEISCHMENGE
Ist die Fleischmenge zu gering, hauchdünn servieren. Dazu die Fleischscheiben in Essig, Kräutern und Öl marinieren und mit Kapern und Sardellen anrichten.

Rosenkohl

FARBE
Gibt man in das Kochwasser kein Salz, behält der Rosenkohl seine frische grüne Farbe. Erst kurz vor dem Servieren salzen und mit etwas Butter verfeinern.

ROSENKOHLGERUCH
Gegen Rosenkohlgeruch hilft 1 Stückchen Schwarzbrot im Kochwasser.

AUSEINANDERFALLENDER ROSENKOHL
Rosenkohl fällt nicht auseinander, wenn man jedes Röschen vor dem Kochen am Strunk kreuzweise einschneidet.

Verkochter Rosenkohl

Ist Rosenkohl verkocht, als Püree, Suppe oder Gratin zubereiten. Mit Muskatnuss und Sahne verfeinern.

Rosinen

Rosinen hacken

Rosinen lassen sich leicht hacken, wenn man beide Seiten des Messers mit Butter einfettet.

Rosinen ersetzen

Rosinen lassen sich durch klein geschnittene Datteln, Dörrpflaumen, Feigen oder Aprikosen ersetzen.

Nach unten sinken

Rosinen sinken nicht im Teig nach unten, wenn man sie vorher wäscht, trocken tupft und in Mehl wendet. Ebenso, wenn man sie wäscht, abtropfen und in heißem Rum ziehen lässt.

Zusammengeklebte Rosinen

Zu einem Klumpen zusammengeklebte Rosinen in den vorgeheizten Backofen legen. Nach einigen Minuten lassen sie sich mühelos zerteilen.

Verschrumpelte Rosinen

Sind Rosinen verschrumpelt, diese mit kochendem Wasser übergießen und ein paar Minuten ziehen lassen. Oder mit einer Mischung aus Wasser und Rum kurz aufkochen und ziehen lassen.

Rosmarin

Rosmarin, das klassische Gewürz für Lamm- und Wildgerichte, darf wegen seines intensiven Eigengeschmacks nur sehr sparsam verwendet werden.

Rote Bete

KEIN VERFÄRBEN

Rote Bete verfärben sich nicht, wenn man 1 EL Zitronensaft oder Essig ins Kochwasser gibt.

AUSBLUTEN DER KNOLLEN

Die Knollen bluten nicht aus, wenn man sie einzeln in Alufolie gewickelt gart.

ROTE BETE SCHÄLEN

Sind Rote Bete schwer zu schälen, diese mit Wasser aufsetzen, 15 Minuten kochen lassen und die Enden abschneiden. Jetzt lässt sich die Schale leicht ablösen.

ÄLTERE ROTE BETE

Sind Rote Bete schon älter, 1 Prise Zucker, 1 Prise Salz und 1 Schuss Essig ins Kochwasser geben.

EINGELEGTE ROTE BETE

Sind eingelegte Rote Bete zu salzig, 10 Minuten in Wasser legen und dann abseihen.

Rote Grütze

Rote Grütze klumpt nicht, wenn man trockenen Grieß zum Binden mit Zucker vermengt. Dann in einem feinen Strahl in den Grützesaft einrieseln lassen.

Rotkohl

ROTKOHL SCHNEIDEN

Rotkohlschneiden verfärbt die Hände unansehnlich rot. Wenn man die Hände nach dem Schneiden mit etwas Zitronensaft einreibt, werden sie schnell wieder sauber.

ROTKRAUT

Rotkraut behält seine intensive Farbe und seinen guten Geschmack, wenn man etwas Anis mitkocht.

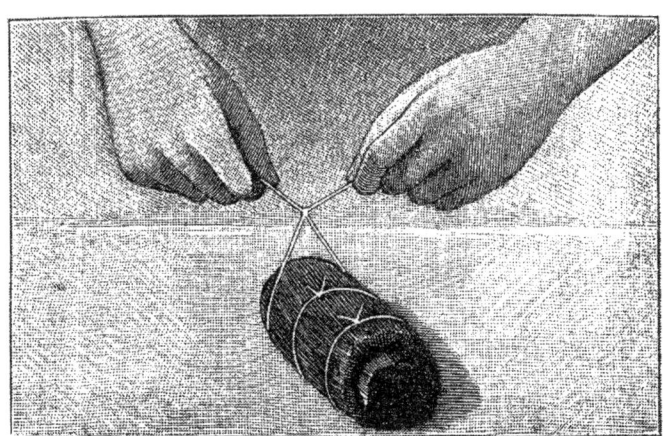

Rouladen

Rouladen kann man ohne umwickelten Faden braten. Mit dem aufgerollten Ende nach unten in das heiße Fett legen. Das Fleisch zieht sich sofort zusammen. So gehen die Rouladen nicht auf.

Küchentipps von A bis Z

Rührteig

GERONNENER TEIG

Alle Zutaten des Rührteiges müssen Raumtemperatur haben. Zu kalte Zutaten lassen den Teig gerinnen. Geronnener Teig kann durch Rühren im warmen Wasserbad gerettet werden.

EISCHNEE

Den Eischnee immer locker unterheben, nie unterrühren.

BACKEN

Beim Backen in den ersten Minuten die Backofentür nicht öffnen. Während der gesamten Backzeit Zugluft vermeiden.

Rumtopf

HERSTELLUNG

Für die Herstellung nur gut ausgereifte Früchte und Rum mit einem Alkoholgehalt über 50 % verwenden. Zwischendurch nichts mit den Händen oder dem Besteck entnehmen, da der Rumtopf dann leicht schimmeln kann.

RUMFRÜCHTE

Rumfrüchte, die Blasen zeigen, haben zu gären begonnen. Sie lassen sich noch verwenden, wenn man sie ein paar Minuten aufkocht.

Sahne

SAHNERESTE

Sahnereste in Eiswürfelbechern einfrieren. Bei Bedarf praktisch zum Verfeinern von Suppen und Soßen.

SAHNE SÜSSEN

Zum Süßen von Sahne verwendet man Vanillezucker. Diesen immer erst zum Schluss unterschlagen.

SAHNE STEIF SCHLAGEN

Sahne lässt sich besser steif schlagen, wenn man die Rührschüssel und die Quirle des Handrührgeräts oder den Schneebesen 10 Minuten in den Kühlschrank stellt.

Die Schüssel während des Sahneschlagens in eine Schale Eis stellen – hilft besonders im Sommer bei schwülem Wetter. Ist Schlagsahne älter, 1 Messerspitze Natron vor dem Schlagen zugeben.

Ist Sahne schwer zu schlagen, 3–4 Tropfen Zitronensaft hinzufügen oder 1 Prise Gelatinepulver bzw. Salz.

Trennt sich Sahne beim Schlagen, weiterschlagen, bis Butter entsteht. Die Flüssigkeit abgießen, die Butter kalt stellen, bis sie hart wird und dann durchkneten.

FEST BLEIBEN

Soll Schlagsahne lange fest bleiben, 1 TL Gelatine in heißer Milch auflösen und unter die Sahne ziehen. Oder Sahnesteif unterschlagen.

ERGIEBIGKEIT

Schlagsahne wird ergiebiger, wenn man 1 Eiweiß mitschlägt. Sie hat dann auch weniger Kalorien.

Salami

Die Haut lässt sich leichter abziehen, wenn man die Wurst kurz in kaltes Wasser legt.

Salate

SALAT AUFBEWAHREN

Salat in angefeuchtetes Zeitungspapier eingeschlagen im Gemüsefach des Kühlschranks aufbewahren.

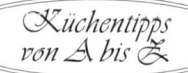

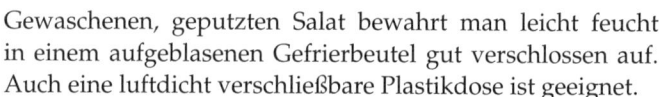

Gewaschenen, geputzten Salat bewahrt man leicht feucht in einem aufgeblasenen Gefrierbeutel gut verschlossen auf. Auch eine luftdicht verschließbare Plastikdose ist geeignet.

SALAT TEILEN
Ist Salat schwer zu teilen, den Strunk kräftig auf die Arbeitsplatte schlagen und herausdrehen. Wasser in das entstandene Loch laufen lassen. Dann lassen sich die Blätter leicht lösen.

WELKER SALAT
Ist Salat welk geworden, legt man ihn in eine Schüssel mit kaltem Wasser, dem man einige Scheiben einer rohen Kartoffel beigibt. Ist der Salat schon relativ stark verwelkt, kann man folgendes Rezept ausprobieren:
Zutaten: 2 Köpfe welker Salat, 50 g Speck, 4 EL Vinaigrette, Kräutersalz, 2 EL Schnittlauchröllchen, 2 EL Weinessig, 1 EL Zucker. Zubereitung: Den Salat in Stücke zupfen und auf einer feuerfesten Platte anrichten. Den Speck würfeln und auslassen. Mit den restlichen Zutaten verrühren und aufkochen lassen. Die Soße über den Salat gießen. Die Platte 5 Minuten über einem heißen Wasserbad erwärmen. Mit Toast servieren.

HÄNGENDE BLÄTTER
Lässt Salat die Blätter hängen, gibt man 1 TL Zucker ins erste Waschwasser.

SALAT WASCHEN
Salat nicht lange wässern, am besten unter fließendem Wasser waschen und dann trocken schleudern.

SALATKAUF
Beim Salatkauf sollte man Folgendes beachten: Blattsalate sollen fest und geschlossen sein, die Blattrippen straff und saftig. Treibhaussalat ist weniger ergiebig, da er lockere Köpfe hat.

BLATTSALAT ZUPFEN

Blattsalate nach dem Waschen in mundgerechte Stücke zupfen und gut abtropfen lassen oder trocken schleudern. Das geht mit der Salatschleuder oder mit einem Küchentuch. Ist der Salat gut trocken, nimmt er die Marinade besser auf.

BLATTSALAT MARINIEREN

Blattsalate immer erst kurz vor dem Verzehr mit der Marinade vermengen, sonst fällt er zusammen und sieht unansehnlich aus.

Salz
SALZ IN ÖL

Salz löst sich nicht in Öl. Beim Zubereiten von Salatsoßen zuerst das Salz in Essig lösen, dann das Öl hinzufügen.

KLUMPIGES SALZ

Salz klumpt nicht, wenn man in den Salzstreuer einige Reiskörner gibt.

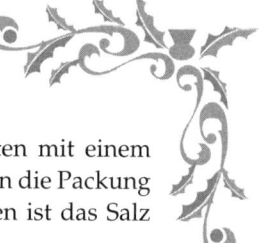

Klumpiges Salz zerkleinert man am schnellsten mit einem Reibeisen. Oder man gibt 1 Stück frisches Brot in die Packung und verschließt sie gut. Nach ein paar Stunden ist das Salz wieder streufähig.

Salzgebäck

SALZGEBÄCK UND SILBERGEFÄSSE

Salzgebäck niemals in Silbergefäßen aufbewahren oder servieren. Das Salz greift das Silber an und hinterlässt Flecken und matte Stellen.

WEICHES SALZGEBÄCK

Salzgebäck, das nicht mehr knusprig ist, kurz im vorgeheizten Backofen aufbacken.

SALZGEBÄCKRESTE

Salzgebäckreste in der Küchenmaschine zerkleinern; die Brösel ergeben ein würziges Paniermehl für Schnitzel.

Sandkuchen

Sandkuchen erhält einen feinen Geschmack, wenn man etwas Eierlikör, Rum oder Málaga unter den Teig rührt.

Soßen

APPETITLICHER GLANZ

Soßen bekommen einen appetitlichen Glanz, wenn man sie durchsiebt und kurz vor dem Servieren kräftig mit dem Schneebesen aufschlägt.

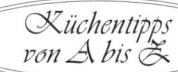

Sossen warm halten
Soßen, die man vor dem Servieren nicht mehr aufwärmen darf, in eine Thermosflasche zum Warmhalten füllen.

Sossen binden
Soßen kann man auch mit püriertem Gemüse binden, das macht sie schmackhaft und weniger kalorienreich.

Alkohol
Wenn man zum Herstellen von Soßen Alkohol verwendet, ist es ratsam, diesen erst nach dem Einreduzieren der Flüssigkeit zuzugeben, da er sich sonst verflüchtigt.

Geronnene Sosse
Ist die Soße geronnen, diese sofort vom Herd nehmen. Sehr empfindlichen Soßen, z. B. Sauce hollandaise, einen Eiswürfel zum Abkühlen zugeben. Gut mit dem Schneebesen durchschlagen und durch ein Sieb gießen. Weniger empfindlichen Soßen etwas Sahne zugeben und weiterkochen. Dem Gerinnen beugt man vor, indem man die Soße in einem Wasserbad zubereitet. Zutaten, die leicht gerinnen können, wie Eier, süße oder saure Sahne, sollten Zimmertemperatur haben und werden erst kurz vor dem Servieren zugegeben.

Vanillesosse
Geronnene Vanillesoße mit 2 TL Mehl pro ½ l Soße verschlagen. So wird sie wieder glatt.

Fette Sossen
Fette Soßen kühl stellen, das Fett dann abschöpfen. Oder einige Eiswürfel zugeben, an denen sich das Fett festsetzt. Diese

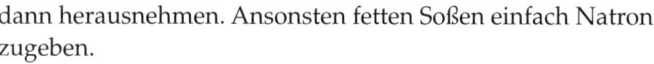

dann herausnehmen. Ansonsten fetten Soßen einfach Natron zugeben.

KLUMPIGE SOSSEN
Ist die Soße klumpig geworden, diese durch ein Sieb streichen. Oder mit dem Schneebesen kräftig durchschlagen.

VERSALZENE SOSSEN
Versalzene Soßen z. B. mit Brühe, Sahne oder Gemüsepüree strecken. Oft sind auch ein paar Prisen brauner Zucker hilfreich.

DÜNNE SOSSEN
Zu dünne Soßen weiterkochen, bis die Flüssigkeit einreduziert ist. Oder mit Stärkemehl binden.

DICKE SOSSEN
Zu dicke Soßen mit etwas Sahne, Brühe, Wein, Milch oder Wasser strecken.

ZU WENIG SOSSE
Ist nicht genug Soße vorhanden, mit Kalbsfond, Brühe, Gemüsekochwasser, Sahne, Crème fraîche oder einer Dose Cremesuppe strecken.

MEHLSCHWITZE ODER SOSSENBINDER
Mehlschwitze oder Soßenbinder sind überflüssig, wenn man 1 Stück altes Brot in der Soße mitkocht. Dieses bindet und klumpt nicht. Vor dem Servieren entfernen.

ZU BLASS GEWORDENE SOSSEN
Zu blass gewordene Soßen lassen sich dunkler färben. In einem 2. Topf ein wenig Mehl mit Fett dunkel bräunen und zugeben. Auch mit Sojasoße kann nachgefärbt werden. Doch Vorsicht, Sojasoße ist salzig!

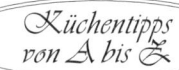

ANGEBRANNTE SOSSEN

Angebrannte Soßen sofort in einen anderen Topf gießen. Dabei darauf achten, dass sich nichts vom Topfboden löst.

FERTIGSOSSEN

Sicherheitshalber immer einen Vorrat an Fertigsoßen im Haus haben – für alle Fälle.

WEISSE SOSSE

Weiße Soße lässt sich auf Vorrat zubereiten: 1 Tasse weiche Butter mit 1 Tasse Mehl mischen. Die Paste in einen Eiswürfelbehälter streichen. Die Würfel dann in einen Beutel füllen und im Gefrierfach aufbewahren. Für 1 Portion Soße reicht 1 Würfel Soßenpaste, mit 1 Tasse Milch zubereitet. Man lässt das Ganze aufkochen, würzt nach Belieben – fertig.

SAURE SAHNE

Saure Sahne kann durch süße Sahne und etwas Zitronensaft ersetzt werden. Oder Crème fraîche mit Joghurt verrühren.

Schaschlikspieße

Schaschlikspieße reibt man vor Verwendung mit Öl ein. Dann lassen sich die Fleisch- und Gemüsestücke besser ablösen.

Schimmel

WASSERREICHE LEBENSMITTEL

Wasserreiche Lebensmittel wie Obst, Tomaten, Kompott und Säfte, die Schimmelbefall zeigen, wegwerfen. Die gefährlichen Schimmelpilze breiten sich darin besonders schnell aus.

KÄSE

Weichkäse wegwerfen, bei Hartkäse befallene Stellen großzügig wegschneiden.

MARMELADE

Damit offene Marmeladengläser nicht zu schimmeln beginnen, diese mit einem Stück Backpapier, das vorher in Alkohol getaucht wurde, bedecken, dann verschließen. Dieser Trick ist auch beim Einmachen von Marmelade nützlich.

Schinken

SCHINKEN GRILLEN

Damit sich der Schinken beim Grillen nicht rollt, den Fettrand alle 3 cm einschneiden. Denn nur das Fett rollt sich, nicht das Fleisch.

SALZIGER SCHINKEN

Salzigen Schinken in Scheiben schneiden. Die Scheiben 30 Minuten in Milch legen. Dann kalt abspülen.

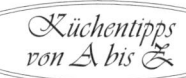

Roher Schinken

Roher Schinken, der zu salzig ist, wird zart, wenn man ihn einige Stunden in Milch legt.

Angetrocknete Schinkenscheiben

Schinkenscheiben, die angetrocknet sind, werden wieder zart, wenn man sie einige Minuten in lauwarme Milch legt.

Schmalzgebäck

Schmalzgebäck nimmt nicht so viel Fett auf und wird dadurch leichter bekömmlich, wenn man zum Backfett 1 EL Rum gibt.

Schnittlauch

Schnittlauch schneiden

Nach jedem frischen Schnitt direkt über die Schnittstellen gießen. So wächst er besser nach.

Mit Schnittlauch kochen

Schnittlauch erst nach dem Kochen den Speisen beifügen.

Wiener Schnitzel

Allgemeine Zubereitung

Wiener Schnitzel müssen papierdünn geschnitten werden. Dann panieren und in reichlich Fett ausbacken.

Panieren

Beim Panieren lassen sich Eier sparen, wenn man diese mit etwas Dosenmilch streckt.

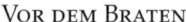

VOR DEM BRATEN
Vor dem Braten überflüssiges Paniermehl abklopfen – es verbrennt sonst zu schnell in der Pfanne.

Schokolade

SCHOKOLADE ZERKLEINERN
Soll Schokolade zum Backen zerkleinert werden, wickelt man sie am besten in Papier und schlägt mit der genoppten Seite des Fleischklopfers darauf.

SCHOKOLADE SCHMELZEN
Schokolade lässt sich ganz einfach schmelzen. 100 g Schokolade in Stückchen brechen und 3 Minuten bei 600 Watt in die Mikrowelle geben.

SCHOKOLADE ERSETZEN
Schokolade lässt sich durch 3 EL Kakao, mit 1 EL Kokosfett vermischt, ersetzen (entspricht 1 Rippe).

SCHOKOLADE KOCHEN
Wird Schokolade beim Kochen hart, 1 TL Pflanzenfett oder mehr zugeben, bis die gewünschte Konsistenz erreicht ist.

KEIN FESTKLEBEN
Damit Schokolade nicht im Topf klebt, den Topf leicht einfetten oder im Wasserbad arbeiten.

Schwarzwurzeln

Schwarzwurzeln immer mit Gummihandschuhen putzen, denn sie sondern eine klebrige Milch ab. Oder die Hände vorher mit Öl einreiben. Man kann die Schwarzwurzeln auch

vor dem Schälen mit kochendem Wasser abschrecken, dann lässt sich die Haut abziehen.

Schweinebraten

Die Schwarte eines Schweinebratens wird so richtig schön knusprig, wenn man sie vor dem Braten kreuzweise einritzt. Den Braten während des Garens ab und zu mit Bier und Salzwasser begießen.

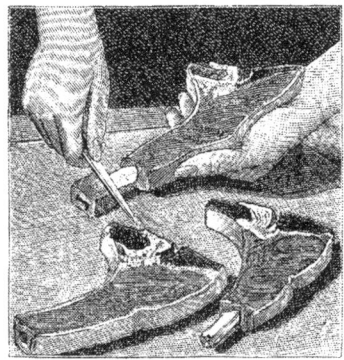

Schweinekotelett

Schweinekotelett wird saftig und würzig, wenn man das Fleischstück vor dem Braten kurz in Essig taucht und dann dünn mit Senf bestreicht. Die Ränder mehrmals einschneiden, dann wellt sich das Kotelett nicht in der Pfanne.

Sekt

SCHALER SEKT

Ist Sekt schal, eine Rosine in die Flasche werfen. Dann prickelt er wieder.

GEÖFFNETE SEKTFLASCHE

Sekt in länger geöffneten Sektflaschen behält sein Prickeln, wenn man in den Flaschenhals einen Metalllöffel steckt.

Sellerie

ÄLTERER SELLERIE

Sellerie wird wieder frisch, wenn man ihn in kaltes Wasser legt, dem man einige rohe Kartoffelschnitze zugibt.

GERIEBENER SELLERIE

Sellerie, der gerieben wurde, sollte immer sofort mit ein wenig Zitronensaft beträufelt werden. Die Säure verhindert das Braunwerden.

Senf

SENF AUFBEWAHREN

Senf kühl, dunkel und verschlossen aufbewahren, damit er nicht austrocknet. Er hält sich länger frisch, wenn man ihm 1 Prise Salz zufügt.

EINGETROCKNETER SENF

Ist Senf eingetrocknet, mit etwas Öl, Essig und 1 Prise Zucker verrühren.

Sirup

Kristallisierten Sirup vorsichtig im Wasserbad erwärmen, bis er wieder flüssig wird.

Soufflé

ZUSAMMENGEFALLENES SOUFFLÉ

Ein zusammengefallenes oder nicht aufgegangenes Soufflé mit reichlich Petersilie auf Toast servieren oder mit einer geschmacklich passenden Soße anrichten. Zu einem süßen Soufflé passt auch Schlagsahne.

ZU SCHNELLES BRAUNWERDEN

Wird Soufflé oben zu schnell braun, einen Deckel aus Folie auflegen. Die Folie muss etwa 6 cm breiter als das fertige Soufflé sein. Die Innenseite leicht einölen.

Spargel

ALLGEMEINE ZUBEREITUNG
Spargel wird besonders schmackhaft, wenn man dem Koch-
wasser neben Salz etwas Zucker und Öl oder 1 Stückchen
Butter zufügt.

TIEFGEKÜHLTER SPARGEL
Ist tiefgekühlter Spargel in der Packung festgefroren, etwas
kaltes Leitungswasser in die Schachtel laufen lassen.

GESCHÄLTER SPARGEL
Geschälter Spargel hält sich frisch, wenn man ihn in ein Tuch
einwickelt, das man vorher in Essig- oder Salzwasser getaucht hat.

ZERKOCHTER SPARGEL
Ist Spargel zerkocht, diesen klein schneiden und in einer
Cremesuppe servieren.

DOSENSPARGEL
Dosenspargel immer am Boden öffnen. Dadurch werden die
zarten Spargelköpfe beim Herausnehmen nicht beschädigt.

GRÜNER SPARGEL
Grüner Spargel ist Ersatz für Brokkoli. Die beiden Gemüsesorten sind sich geschmacklich ähnlich.

SPARGELSCHALEN

Spargelschalen legt man auf ein Leinentuch und lässt sie trocknen. In einem Stoffbeutel lassen sie sich schimmelfrei aufbewahren. Sie können je nach Bedarf als Geschmacksverstärker für Suppen und Soßen verwendet werden.

Speck

KNUSPRIGER SPECK

Speck wird besonders knusprig und rollt sich nicht, wenn man ihn kurz in kaltes Wasser taucht, bevor man ihn in die Pfanne gibt.

SPECK BRATEN

Speck während des Bratens mehrmals mit einer Gabel einstechen, dann bleibt er beim Bratvorgang flach.

TIEFGEKÜHLTE SPECKSCHEIBEN

Speckscheiben aus dem Tiefkühlschrank kann man voneinander lösen, wenn man ein erwärmtes Messer zwischen die einzelnen Scheiben schiebt.

SPECK SCHNEIDEN

Speck schneiden fällt leichter – besonders wenn man große, dünne Scheiben braucht –, wenn man den Speck vorher im Gefrierschrank hart werden lässt. Benötigt man viele Scheiben, lässt man diese am besten gleich beim Metzger schneiden.

Speisen, saure

Saure Speisen dürfen nicht in Kochtöpfen aus Aluminium zubereitet werden. Die Säure löst das Metall.

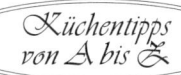
Speisen, versalzene

KARTOFFELN UNTERMISCHEN

Versalzene Speisen lassen sich retten, wenn man rohe Kartoffeln mitkocht. Sie saugen das Salz auf.

ROHES EIWEISS

Bei Suppen ein rohes Eiweiß in die Brühe quirlen und gerinnen lassen. Dann herausfischen – es hat den größten Teil des Salzes aufgenommen.

FRISCHE KRÄUTER

Reichlich frische Kräuter untermischen – das überdeckt den Salzgeschmack.

APFELESSIG UND ZUCKER

Apfelessig und Zucker zu gleichen Teilen vermischt in das Gericht geben, dann abschmecken.

Spekulatiusteig

Spekulatiusteig lässt sich oft schlecht ausrollen und klebt am Nudelholz fest. Das kann vermieden werden, wenn man das Backbrett vorher in den Kühlschrank stellt und vor dem Teigausrollen mit Zucker bestreut.

Spinat

SPINAT ERWÄRMEN

Spinat nur erwärmen, wenn er kühl gelagert wurde und nicht älter als 1 Tag ist.

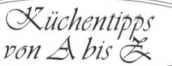

RAHMSPINAT

Damit Rahmspinat nicht gerinnt, sollte man die Sahne einige Zeit vor der Verwendung aus dem Kühlschrank nehmen und mit etwas Kartoffelstärke verrühren.

Stachelbeeren

Stachelbeeren platzen beim Kochen nicht auf, wenn man sie vorher mit einem Holzstäbchen oder einer Nadel einsticht und langsam erhitzt.

Staudensellerie

Staudensellerie wird knackig, wenn man ihn mit 1 rohen Kartoffel in eine Schüssel kaltes Wasser legt und ein paar Stunden in den Kühlschrank stellt.

Steaks

STEAKS BRATEN

Steaks werden zarter, wenn man sie vor dem Braten folgendermaßen behandelt: Essig und Öl vermischen, die Steaks gründlich damit einreiben und 2–3 Stunden ziehen lassen. Damit sie sich nicht rollen, den Fettrand in finderdicken Abständen einschneiden.

ZU DURCHGEBRATEN

Sind Steaks zu stark durchgebraten, mit einer pikanten Soße servieren.

ZÄHIGKEIT

Um Zähigkeit vorzubeugen, die Steaks vorher klopfen oder mit einer Gabel einstechen.

GARGRAD

Für den Gargrad unterscheidet man international festgelegte Begriffe:

Bleu: Man legt die Steaks in rauchheißes Fett und brät sie auf beiden Seiten je 1½ Minuten. Das Fleisch hat dann eine dünne gebratene Schicht und ist darunter noch rot bis blaurot (bleu).

Saignat ist die Bezeichnung für Steaks, wenn sie auf beiden Seiten 3 Minuten gebraten werden. Sie sind dann innen roh und haben eine gebratene Schicht von 1½ cm. „Saignat" ist die französische Bezeichnung, die Engländer sagen dazu „blue", in Deutschland sagt man „innen roh".

A point sind Steaks, die fast gar sind. In England sagt man dazu „medium", in Deutschland „mittel" oder „englisch". Die Steaks werden dazu beidseitig je 2–4 Minuten gebraten.

Bien cuit nennt man in Frankreich durchgebratene Steaks, die Engländer sagen dazu „well-done". Diese Steaks werden je 5 Minuten pro Seite gebraten.

Stollen

Stollen hält sich frisch, wenn man ihn in einem Steingutgefäß oder in einer mit Backpapier ausgelegten Blechdose aufbewahrt. 1 Stück geschälten Apfel oder auch 1 Kartoffel dazulegen.

Streuselkuchen

MÜRBE STREUSEL

Mürbe Streusel erhält man, wenn man den Kuchen sofort
nach dem Backen mit Wasser besprüht.

GARNIEREN

Will man eine Torte rundherum mit Streuseln garnieren, wird
dies mit einer rohen Kartoffel erleichtert. Die Kartoffel halbieren, die Schnittfläche in die Streusel drücken und den Tortenrand garnieren.

Suppen

KLARE SUPPE

Eine klare Suppe erhält man, wenn man das Suppenfleisch
sehr langsam, dafür aber kontinuierlich kocht. Wird die Suppe zu schnell und zu heiß gekocht, bekommt sie eine trübe
Farbe.

VERSALZENE SUPPE

Versalzene Suppen kann man mit etwas Sahne und Eigelb
oder einigen Prisen braunen Zuckers milder machen. Oder
man kocht 1–2 Kartoffeln mit und entfernt sie vor dem Servieren.

HAUTBILDUNG VERMEIDEN

Suppen bilden keine Haut, wenn man etwas Butter unterrührt.

SUPPEN NACHBRÄUNEN

Suppen kann man nachbräunen, wenn man etwas gebrann-
ten Zucker (Zuckercouleur) zugibt. Oder man röstet eine
Zwiebel ohne Fett braun und legt sie eine Weile in die Suppe.
Oder ein paar Tropfen Sojasoße zugeben.

TRÜBE BRÜHE

Ist die Brühe zu trüb, Eierschalen hinzufügen. Vor dem Servieren entfernen. Oder ein rohes Eiweiß zugeben, vor dem
Servieren abseihen.

FETTE SUPPE

Ist die Suppe zu fett, in den Kühlschrank stellen. Ist das Fett
erstarrt, einfach abschöpfen. Schneller geht es mit Vlies- oder
Küchenpapier, das man kurz auf der Suppe schwimmen lässt.
Oder ein paar Eiswürfel in ein Frotteehandtuch wickeln und
damit über die Suppe streichen. Das Fett bleibt daran kleben.

DÜNNE SUPPE

Ist die Suppe zu dünn, mit Speisestärke andicken oder etwas
einkochen lassen.

Suppenfleisch

Will man ein besonders gutes Fleisch, legt man es in kochendes Wasser. Legt man mehr Wert auf eine gute Brühe, setzt
man das Fleisch mit kaltem Wasser auf. Ein Schuss Cognac
macht die Suppe besonders fein und das Fleisch wird schneller gar.

153

Suppenwürfel

Suppenwürfel müssen in geschlossenen Behältern kühl und trocken aufbewahrt werden, sonst werden sie feucht.

Tee

TRÜBER TEE

Ist Tee trüb, ein paar Scheiben Zitrone in die Kanne geben.

TEE AUFGIESSEN

Tee immer in Porzellan-, Ton- oder Glastassen aufgießen. Metallgefäße aus Aluminium und Kupfer sind ungeeignet.

SCHWARZER TEE

Schwarzer Tee sollte ausschließlich in Kannen zubereitet werden, die nur dafür benützt werden. Die Kannen nach Gebrauch nur ausspülen. Der dunkle Belag erhöht das Aroma.

ZIEHZEIT

Lässt man Tee 2–4 Minuten ziehen, entfaltet er seine belebende Wirkung. Ab 5 Minuten stellt sich eine eher beruhigende Wirkung ein.

TEEGLÄSER

Teegläser mit Alufolie umwickelt halten länger warm.

TEEWASSER

Teewasser sollte 2–3 Minuten kochen, bevor es auf die Teeblätter gegossen wird. Ist das Wasser sehr hart, vorher besser durch einen Wasserfilter laufen lassen. Kanne vor Gebrauch immer heiß ausspülen.

Teig

BACKBLECH

Dünn ausgerollter Teig lässt sich leicht aufs Backblech legen, wenn man ihn auf das Nudelholz wickelt und dann auf dem Blech vorsichtig wieder abrollt.

SPRITZER VERMEIDEN

Schlägt man dünnen Teig, so kann man Spritzer an den Küchenwänden vermeiden, indem man die Rührschüssel ins Spülbecken stellt.

Tiefkühlgut

Tiefkühlgut mit Klebeetiketten oder Folienfilzschreiber beschriften. Datum nicht vergessen!

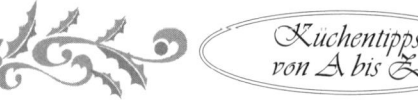

Tintenfisch

Verfärbt sich der Tintenfisch beim Braten rötlich, ist der Bratvorgang beendet.

Toastbrot

SCHIMMELBILDUNG

Toastbrot schimmelt leicht in der Packung, deshalb besser einfrieren. Dann kurz auftauen lassen und toasten.

ZU DUNKEL

Ist Toastbrot beim Rösten zu dunkel oder gar schwarz geworden, darf man es nicht mehr essen, denn es enthält krebserregende Stoffe.

Tomaten

WEICHE TOMATEN

Weiche Tomaten werden fester, wenn man sie in kaltes Wasser legt.

DOSENTOMATEN

Schmecken Dosentomaten zu sauer, 1 TL Zucker pro Kilo zugeben.

GEDÜNSTETE TOMATEN

Schmecken gedünstete Tomaten zu fade, mit Tomatenmark würzen.

TOMATEN LAGERN

Tomaten immer mit dem Stiel nach unten lagern. Dann halten sie länger.

TOMATENKERNE

Tomatenkerne können Soßen und Suppen bitter machen, deshalb Tomaten vor dem Kochen entkernen. Bei Eiertomaten ein Ende abschneiden und am anderen Ende drücken.

*Küchentipps
von A bis Z*

TOMATEN HÄUTEN

Um Tomaten zu häuten, taucht man sie kurz in kochendes Wasser, dann lässt sich die Haut ganz einfach abziehen. Oder für Gasherdbesitzer: Tomaten auf eine Gabel spießen, in der Flamme wenden und dann häuten.

TOMATEN NACHREIFEN LASSEN

Selbst gezogene Tomaten, die im Herbst nicht mehr ausgereift sind, mit einem reifen Apfel zusammen in einer Papiertüte aufbewahren. Das Äthylengas, das der Apfel abgibt, beschleunigt die Reifung.

GEDÜNSTETE TOMATEN

Werden ganze Tomaten gedünstet, fallen sie leicht auseinander. Dies lässt sich vermeiden, wenn man sie vor dem Garen vertikal einritzt.

REICHE TOMATENERNTE

War die Tomatenernte reichlich, Tomatenketchup zubereiten.

Tomatenmark

Hat man keines vorrätig, Dosentomaten durch ein Sieb passieren.

Torten

TORTENDEKORATION

Tortendekorationen kann man ganz einfach selbst machen: Ein Tortendeckchen mit Muster auf die Tortenoberfläche legen, mit Puderzucker bestäuben und das Deckchen vorsichtig wieder abheben. Auf weißer Glasur sieht eine Dekoration mit Kakaopulver hübsch aus.

TORTENBODEN BACKEN
Beim Backen von Tortenböden nur den Boden der Form einfetten, nicht den Rand. Dann kann der Kuchen aufgehen.

TORTENBODEN HALBIEREN
Möchte man einen Tortenboden halbieren, geht das so: mit
einem scharfen Messer am Tortenrand eine längere Stelle ein-
ritzen. Dann in jede Hand das Ende eines Bindfadens nehmen und diesen in die Schnittstelle legen. Mit dem Faden
hin- und hersägen, bis der Tortenboden halbiert ist.

TORTENBODEN AUS DER FORM LÖSEN
Löst sich der Tortenboden nicht aus der Form, diese sofort
nach dem Herausnehmen aus dem Ofen auf einen Torten-
kühler kippen und kaltes Wasser darüberlaufen lassen.

TORTENGLASUR
Tortenglasuren halten besser, wenn man die Torten vor dem
Glasieren fein mit Mehl bestäubt. Tortenglasur wird schön
matt, wenn man das Messer vor dem Auftragen immer wieder in kochendes Wasser taucht.

TORTEN SCHNEIDEN

Frische Torten lassen sich leichter schneiden, wenn man das Messer vor jedem Schnitt in kaltes Wasser taucht. Bei Buttercremetorten in heißes Wasser tauchen. Damit bei Torten mit üppigen, weichen Füllungen diese beim Schneiden nicht herausquellen, den obersten Boden bereits vor dem Auflegen in 12 gleichmäßige Stücke schneiden.

Trauben

Trauben bleiben länger frisch, wenn man sie hängend aufbewahrt.

Trichterersatz

Hat man keinen Trichter zur Hand, schneidet man einfach eine Spritztüte am Ende oder andere Tüten an einer Ecke ab. Das ist geeignet zum Umfüllen trockener Lebensmittel. Für Flüssigkeiten lassen sich Plastiktüten oder Alufolie verwenden.

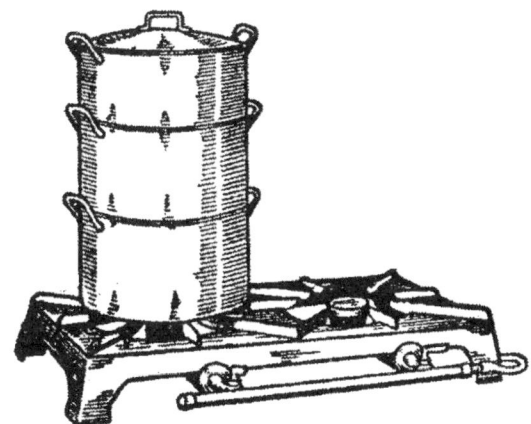

Turmkochen

Durch Übereinanderstellen von Töpfen auf einer Kochplatte lässt sich die Energie besser ausnutzen. Wichtig ist, dass die

Küchentipps von A bis Z

Töpfe dicht abschließen. Auf diese Weise lassen sich ganze Menüs kostensparend zubereiten. Zuunterst stellt man das Gericht mit der längsten Garzeit (z. B. Gulasch, Gemüse, Reis).

Überkochen

Überkochen kann man verhindern: Einen Zahnstocher zwischen Deckel und Topf klemmen, dann kann genügend Dampf entweichen und das Überkochen bleibt aus.

Vanillezucker

RESTE

Einen kleinen Rest Vanillezucker in der Tüte lassen, mit normalem Zucker auffüllen und gut verschließen – ergibt neuen Vanillezucker.

VANILLEZUCKER SELBST HERSTELLEN

Vanillezucker kann man selbst herstellen, indem man eine Vanilleschote längs halbiert, in ein Schraubglas legt, mit Zucker auffüllt und gut schüttelt. Immer wieder mit Zucker nachfüllen.

Walnüsse

FETTGEHALT

Walnüsse haben einen hohen Fettgehalt und werden deshalb schnell ranzig.

WALNÜSSE SCHÄLEN

Walnüsse lassen sich leichter schälen, wenn man die Nüsse über Nacht in handwarmes Wasser legt (Schüssel auf die Heizung stellen).

Wasserbad

Bereitet man Speisen im Wasserbad zu, so sollte der 2. Topf nicht in, sondern über dem heißen Wasser hängen.

Wassermelonen

Um festzustellen, ob eine Wassermelone reif ist, muss man die Frucht an mehreren Stellen mit dem Finger abklopfen. Erklingt ein dumpfer, dunkler Ton, ist sie reif. Ein hohler Ton hingegen bedeutet Überreife.

Weihnachtsgebäck

OPTIK

Weihnachtsgebäck erhält ein besonders appetitliches Aussehen, wenn man es vor dem Backen mit einer Mischung aus 1 Eigelb und ½ TL Honig bestreicht.

ZUCKERGUSS

Zuckerguss wird besonders glänzend, wenn man beim Anrühren ein paar Tropfen Zitronensaft hinzufügt.

BACKFÖRMCHEN

Backförmchen zum Plätzchenausstechen können nicht festkleben, wenn man sie während des Ausstechens ab und zu in Mehl oder warmes Wasser taucht.

Küchentipps von A bis Z

WEIHNACHTSGEBÄCK AUFBEWAHREN

Gebäck bleibt in der Blechdose länger frisch, wenn man 1 geschälte Möhre mit in die Dose legt. Zwischen die einzelnen Plätzchenschichten in der Dose je 1 Bogen Backpapier legen. Kleingebäck nach Sorten getrennt lagern, damit es nicht sein Aroma verliert oder abfettet. Buttergebäck am besten in Porzellan- oder Glasgefäßen aufbewahren, z. B. in Suppenterrinen oder Bowlengefäßen mit Deckel.

Wein

WEIN PRÜFEN

Beim Öffnen einer neuen Flasche erst am Korken riechen und prüfen, ob er nach Wein oder modrig riecht. Normalerweise riecht der Wein als Erstes leicht nach Kork. Dieser Geruch sollte aber schnell verschwinden.

Wenn man prüfen will, ob Weißwein in Ordnung ist, 1 Stunde vor dem Servieren entkorken. Wieder verkorken und in den Kühlschrank stellen.

SCHAUMWEIN

Sekt oder Schaumwein erst kurz vor dem Servieren öffnen, sonst entweicht die Kohlensäure.

KORKEN ZERBROCHEN

Wenn beim Öffnen der Weinflasche der Korken zerbricht, ein spitzes Messer oder einen Spieß nehmen und versuchen, den Korken damit gegen den Flaschenhals zu drücken und herauszuschieben. Zerfällt der Korken und rutscht in die Flasche, den Wein durch ein Teesieb ausgießen.

Küchentipps
von A bis Z

JUNGER ROTWEIN

Jungen Rotwein 3–4 Stunden vor dem Servieren in eine Karaffe umgießen. Dabei langsam und gleichmäßig umfüllen, bis sich der Bodensatz bewegt.

WEINRESTE

Oft bleibt in der Weinflasche ein kleiner Rest übrig, den man nicht wegschütten sollte. Diesen einfach in Eiswürfelbehälter gießen und einfrieren. Auf diese Weise hat man immer 1 Schuss Wein zum Würzen parat, ohne gleich eine neue Flasche öffnen zu müssen.

WEINEINKAUF

Wein sollte mehrere Tage lagern, bevor er getrunken wird. Spitzenweine brauchen 2–3 Monate, bis sie sich von dem aufrüttelnden Transport erholt haben.

MIT WEISSWEIN KOCHEN

Trockener Weißwein verliert beim Kochen ¾ seiner Kalorien und seinen gesamten Alkoholgehalt.

WEIN LAGERN

Wein sollte immer gleichmäßig kühl (8–10 °C) gelagert werden, dabei dunkel und ohne Zugluft. Rot- und Weißwein werden grundsätzlich liegend gelagert. Der Korken darf nicht austrocknen. Süße Weine aus südlichen Anbaugebieten werden allerdings immer stehend aufbewahrt. Nach dem Transport alle Weine immer einige Tage ruhen lassen. Hohe Luftfeuchtigkeit ist günstig. Wein atmet durch den Korken, deshalb nie neben stark riechenden Lebensmitteln lagern.

WEIN SERVIEREN

Weißweine sollten immer kühl serviert werden. Sie sollten jedoch nicht länger als 1 Tag im Kühlschrank liegen, da übermäßige Kälte die zarten Duftstoffe zerstört.

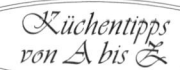
Die richtigen Temperaturen zum Servieren von Wein sind: ca. 10 °C für Weißwein, ca. 18 °C für Sekt.

Wild

Wild wird nicht trocken, wenn es erst kurz vor dem Braten gesalzen wird. Man sollte es auch nicht spicken, da dabei viel Saft verloren geht. Am besten ist es, das Wild in dünne, ungesalzene Speckscheiben einzuwickeln.

Wildgeflügel

Frisches Wildgeflügel muss vor der Zubereitung ein paar Tage hängen. Bei milden Temperaturen 2 Tage, bei kälteren bis zu 1 Woche. Lässt sich eine Schwanzfeder herausziehen, kann man es zubereiten.

Winterkohlrabi

Winterkohlrabi schmeckt besser, wenn man die Einbrenne mit Milch statt mit Wasser auffüllt und mit Meerrettich, Salz und etwas Zucker würzt.

Wirsingkohl
BITTERER GESCHMACK

Wirsingkohl schmeckt nur dann bitter, wenn man beim Kochen den Topf zudeckt.

WIRSING AUS DEM GARTEN

Wirsing aus dem Garten sollte mit der Wurzel geerntet werden. In einer Kiste mit trockenem Sand aufbewahren – so bleibt er frisch.

Wurst

ANGESCHNITTENE WURST

Angeschnittene Wurst behält ihre Farbe, wenn man die Schnittfläche mit Backpapier, das man vorher in Wasser angefeuchtet hat, oder mit Alufolie oder Zellophan bedeckt.

BRATWÜRSTE

Bratwürste platzen nicht, wenn man sie vor dem Braten mit einer Gabel ansticht.

WÜRSTCHEN ERWÄRMEN

Würstchen platzen beim Erwärmen nicht, wenn das Wasser leicht kocht und der Topf nicht zugedeckt wird, damit der Dampf abziehen kann. Wenn die Würstchen im Kühlschrank gelagert wurden, vor dem Erwärmen mit lauwarmem Wasser abspülen.

ANGEBROCHENE WURSTKONSERVEN

Wurst nie in der angebrochenen Dose lassen. Sofort umfüllen, da sich sonst Giftstoffe entwickeln.

WURSTHAUT ABSCHÄLEN

Lässt sich die harte Haut, z. B. von Salami, schwer abschälen, die Wurst kurz unter Wasser halten, abtrocknen und dann schälen.

Zitronen

REIFE ZITRONEN

Zitronen mit glatter Schale und runder Form sind saftig und aromatisch, da sie gut ausgereift sind.

ALTE ZITRONEN

Sind Zitronen alt und wenig saftig, diese etwa 5 Minuten in Wasser kochen und abkühlen lassen. 5 Minuten bei 180 °C im Backofen oder 15 Sekunden auf höchster Stufe in der Mikrowelle haben denselben Effekt. Die Zitrone zusätzlich mit etwas Druck hin- und herrollen.

ANGESCHNITTENE ZITRONEN

Angeschnittene Zitronen trocknen nicht aus, wenn man sie mit der Schnittfläche nach unten in etwas Essig legt.

ZITRONENSAFT

Wenn man nur ein paar Tropfen Zitronensaft benötigt, sticht man die Zitrone mit einer Nadel oder einem Zahnstocher an und drückt den Saft heraus.

ZITRONENSCHALENSPIRALE

Benötigt man zum Kochen oder als Dekoration eine Zitronenschalenspirale, muss man die Schale mit einem sehr scharfen Messer oder einem Kartoffelschäler von der Frucht abtrennen. So wird das Weiße unter der Haut nicht mit entfernt.

ZITRONENSCHALE

Zitronenschalen von ungespritzten Zitronen hauchdünn abschälen (oder abreiben), in feine Streifen schneiden und mit reichlich Zucker in ein Schraubglas füllen. Sie ergeben nach etwa 14 Tagen eine besondere Würze, z. B. für Gebäck und Süßspeisen.

Zitrusfrüchte

ZITRUSFRÜCHTE SCHÄLEN

Beim Schälen von Zitrusfrüchten bleiben häufig weiße Schalenreste an den Früchten kleben. Um das mühsame Abziehen dieser Reste zu vermeiden, sollte man die ganzen Früchte 5 Minuten vor dem Schälen in kochendes Wasser legen.

SAFT VON ZITRUSFRÜCHTEN

Presst man den Saft von Zitrusfrüchten aus, erzielt man mit einem Trick eine größere Menge Saft. Man gibt die Früchte in die Mikrowelle und wärmt sie 20 Sekunden bei 600 Watt an.

Zucchini

VERKOCHTE ZUCCHINI

Sind Zucchini verkocht, am besten eine Zucchinicremesuppe daraus zubereiten.

FADER GESCHMACK

Zucchini schmecken nicht fade, wenn man sie mit reichlich Zwiebel, Knoblauch, Kräutersalz und frisch gemahlenem Pfeffer zubereitet.

Zucker

ZUCKER AUFBEWAHREN

Zucker nicht in Papiertüten oder Blechdosen aufbewahren, sondern in Glas-, Porzellan- oder Plastikbehältern.

ZUCKER ALS GESCHMACKSVERSTÄRKER

Viele Gerichte, wie z. B. Braten oder Suppen, erhalten einen volleren Geschmack, wenn man dem Ganzen 1 Prise Zucker hinzufügt.

MIT ZUCKER KOCHEN

Je länger man Zucker in einer Speise mitkocht, umso mehr verliert er an Süßkraft. Deshalb, z. B. bei der Kompottzubereitung, den Zucker erst zum Schluss hinzufügen.

KLUMPIGER ZUCKER

Ist der Zucker hart und klumpig geworden, schaffen verschiedene Möglichkeiten Abhilfe: durch ein Sieb drücken; mit dem Nudelholz zerkleinern; die Zuckertüte bei 180 °C in den Ofen stellen; mit 1 Stück Apfel in der Mikrowelle 20 Sekunden auf höchster Stufe in der Tüte erhitzen, dann 5 Minuten stehen lassen.

Zuckerguss

SCHNEEWEISSER ZUCKERGUSS

Rührt man Zuckerguss statt mit Wasser mit Milch an, wird er schneeweiß.

ROTER ZUCKERGUSS

Roten Zuckerguss erreicht man mit Malventee, Saft von Maraschinokirschen, Kirsch- oder Himbeersaft.

Zungenfleisch

Damit Zungenfleisch, egal ob vom Rind oder vom Schwein, beim Kochen nicht bitter wird, darf es nicht zu schnell und nicht zu heiß gekocht werden.

Zwiebelkuchen

Zwiebelkuchen erhält einen herzhaften Geschmack, wenn man die Speckwürfel, die auf den Teig kommen, vorher anbrät.

Zwiebeln

ZWIEBELRINGE FRITTIEREN

Zwiebelringe übergießt man vor dem Frittieren mit kochendem Wasser und tupft sie dann trocken. Dadurch werden die Zwiebeln mild, nehmen das Fett gut auf und das Frittieren geht schneller.

ZWIEBELRINGE

Zwiebelringe werden besonders fein, wenn man sie auf einem Gurkenhobel schneidet.

STARKER ZWIEBELGESCHMACK

Starker Zwiebelgeschmack verschwindet, wenn man vor dem Braten die Zwiebeln mit etwas Zucker bestreut.

AUSTREIBEN VON ZWIEBELN

Bewahrt man Zwiebeln längere Zeit auf, beginnen sie meist zu treiben und sollten für die Speisenzubereitung nicht mehr verwendet werden. Das Austreiben kann man verhindern, wenn man jede Zwiebel in Alufolie einwickelt.

ZWIEBELGERUCH

Zwiebelgeruch am Besteck verschwindet, wenn man es kalt abspült und mit Salz abreibt. Auch die Hände kann man so behandeln.

ANGESCHNITTENE ZWIEBELN

Angeschnittene Zwiebeln, die man aufbewaren möchte, werden auch nach einigen Tagen an den Schnittfläche nicht unansehnlich, wenn man diese dünn mit Butter einreibt.

GEFÜLLTE ZWIEBELN

Beim Zubereiten gefüllter Zwiebeln vermeidet man beim Aushöhlen ein Tränen der Augen, wenn man das Zwiebelfleisch mit einem stark gezackten Messer lockert. Den Zwie-

belkegel kann man dann mit einem Löffel mühelos herauslösen.

ZWIEBELN ZERKLEINERN
Zwiebeln nehmen beim Reiben oder Zerkleinern einen unangenehmen Geschmack an. Das Beste ist, die Zwiebeln sehr
klein zu schneiden und dann mit dem Messerrücken zu zerdrücken.

ZWIEBELN BRÄUNEN
Zwiebeln werden beim Bräunen besonders knusprig, wenn
man die Ringe vorher mit Mehl bestäubt.

ZWIEBELN SCHNEIDEN
Zwiebeln schneiden geht ohne tränende Augen, wenn man
die Zwiebeln vorher kurz mit kochendem Wasser übergießt.
Dadurch werden die ätherischen Öle gebunden. Die Zwiebeln nur mit einem sehr scharfen Messer schneiden, dann
werden sie nicht zerdrückt und der Saft spritzt nicht heraus,
sondern läuft unten ab. Auch Kälte ist ein gutes Mittel. Die
Zwiebeln 10–15 Minuten vor dem Schneiden in den Gefrierschrank legen.

ZWIEBELN KOCHEN
Zwiebeln fallen beim Kochen nicht auseinander, wenn man
das Wurzelende kreuzweise einritzt.

ZWIEBELN SCHÄLEN
Sind Zwiebeln schwer zu schälen, Knollen in heißes Wasser
legen, je nach Größe 10 Sekunden bis zu 5 Minuten. Dann
kurz in kaltes Wasser legen.

FRÜHLINGSZWIEBELN
Beginnen Frühlingszwiebeln zu welken, pflanzt man sie einfach wieder ein.

Vorratshaltung
von A bis Z

Äpfel

VORRATSEIGNUNG

Gut, je nach Sorte und Lagerbedingungen sind sie für die Winterlagerung geeignet.

LEBENSMITTELKUNDE

Lageräpfel sind wichtige Vitamin-C-Träger im Winter. Ihr Vitamin-C-Gehalt kann je nach Sorte unterschiedlich sein. Reichhaltig sind Sorten mit mehr als 14 mg Vitamin C pro 100 g.

LAGERBEDINGUNGEN

Hohe Luftfeuchtigkeit (80–90 %), dunkel und kühl (3–5 °C), jedoch frostgeschützt, Raum belüftbar! Lagerung auf luftigen Lattenrosten in Regalen, in schubladenähnlichen Obsthorden und in gewöhnlichen Obststeigen. Falls die Luftfeuchtigkeit zu gering ist, Lagerbehälter mit Kunststofffolie (Polyäthylen) abdecken. Luftlöcher lassen, damit noch ein Gasaustausch erfolgen kann!

TIPPS

- Äpfel, die für die Einlagerung bestimmt sind, etwas früher ernten als die für den Sofortverbrauch bestimmten Exemplare.
- Keine überreifen Früchte einlagern und kein Fallobst – Fäulnisgefahr!
- Bei Frostgefahr Äpfel mit wärmedämmendem Material vor der Kälte schützen.

172

Babynahrung

VORRATSEIGNUNG
Gut, siehe Haltbarkeit.

LEBENSMITTELKUNDE
Babynahrung wird von der Industrie hergestellt und dient als Ersatz für die Muttermilch oder zur Ergänzung. Angeboten werden Trockenmilch und Trockenbreie zum Anrühren mit Milch oder Wasser, Portionsgläschen mit Fertignahrung, Säfte und Tees. Babynahrung unterliegt sehr strengen Kontrollen. Der Gesetzgeber hat für diese Lebensmittel den Gehalt an Pflanzenschutzmitteln, Schädlingsbekämpfungsmitteln, Nitrat und Bakterienhemmstoffen besonders niedrig angesetzt.

LAGERBEDINGUNGEN
Trocken, kühl und dunkel.

HALTBARKEIT
Siehe aufgedrucktes Mindesthaltbarkeitsdatum.
- Trockenbrei: ca. 1–1½ Jahre
- Portionsgläschen: ca. 2–3 Jahre

TIPPS
- Wasser oder H-Milch zum Anrühren in den Vorrat einkalkulieren.
- Wasser vor Verwendung stets abkochen.
- Angerührte Babynahrung niemals stehen lassen (Verkeimung).
- Vorräte immer dem Kindesalter anpassen. Rechtzeitig austauschen.

Backtriebmittel

VORRATSEIGNUNG
Mit Ausnahme von frischer Hefe gut.

LEBENSMITTELKUNDE
Zu den Backtriebmitteln gehören Backpulver, Pottasche, Hirschhornsalz und Hefe. Hefe wird auch als Trockenhefe angeboten. Hirschhornsalz eignet sich nur für Flachgebäcke (Lebkuchen). Pottasche wird hauptsächlich in Honigkuchen-rezepten verwendet.

LAGERBEDINGUNGEN
Trocken, kühl und dunkel. Frische Hefe am besten im Kühl-schrank aufbewahren. Hirschhornsalz in gut verschlossene Behältnisse geben, da es sich beim Stehen an der Luft lang-sam zersetzt.

HALTBARKEIT
Siehe Mindesthaltbarkeitsdatum des Herstellers. Die Backfä-higkeit kann mit der Lagerzeit vermindert werden. Überalter-tes Backpulver erkennt man an der Rosafärbung. Allgemeine Haltbarkeit: 1–2 Jahre, frische Hefe ca. 1 Monat (gekühlt).

TIPP
Frische Hefe kann man auch einfrieren. Bei Gebrauch mit lauwarmem Wasser übergießen.

Backwaren

VORRATSEIGNUNG
Nur die sogenannten Dauerbackwaren sind gut haltbar, sie gehören in den Notvorrat.

LEBENSMITTELKUNDE
Zu den Dauerbackwaren zählen Hartkekse, Kräcker, Lau-gengebäck, Waffeln, Makronen, Löffelbiskuits, Russischbrot,

Lebkuchen und Zwieback. Durch spezielle Back-, Röst- und Trocknungsverfahren wird den Backwaren die Feuchtigkeit entzogen.

LAGERBEDINGUNGEN
Kühl und trocken. Am besten in Originalpackungen gut verschlossen aufbewahren.

HALTBARKEIT
1–2 Jahre; siehe Mindesthaltbarkeitsdatum.

Bier
VORRATSEIGNUNG
Nicht für längerfristige Lagerung geeignet, nur bei Bedarf größere Mengen bevorraten.

LEBENSMITTELKUNDE
Man unterscheidet untergärige Biersorten wie Pils, Export, Dunkel, Helles und obergärige Biersorten wie Weißbier, Alt, Kölsch.

LAGERBEDINGUNGEN
Bier wird in braunen Flaschen stehend gelagert. Am besten dunkel, kühl (nicht unter 5 °C) lagern.

HALTBARKEIT
Bier wird nicht „schlecht", aber nach zweimonatiger Lagerung tritt eine starke Qualitätsminderung ein. Nur so viel kaufen, wie getrunken wird.

Birnen

VORRATSEIGNUNG
Je nach Sorte und Lagerräumen befriedigend.

LAGERBEDINGUNGEN
Hohe Luftfeuchtigkeit (80–90 %), dunkel, kühl (0–1,5 °C). Im Hauskeller ist die Temperatur meist höher, daher öfters kontrollieren.

TIPP
Genussreife setzt nach etwa 1 Monat ein.

Brot

VORRATSEIGNUNG
Nur Dauerbackwaren (siehe Backwaren, S. 174 f.), wie Zwieback und Knäckebrot oder Brot in Dosen, sind für den Notvorrat geeignet. Ansonsten muss Brot immer frisch gekauft werden. Für kurzzeitige Lagerung kann man es auch gut einfrieren.

HALTBARKEIT
Brot kann durch Austrocknen und Altbackenwerden, aber auch durch mikrobielle Veränderungen wie Schimmelbefall und Fadenziehen in seiner Haltbarkeit beeinträchtigt werden. Schimmelbefall ist hauptsächlich auf schlechte Lagerbedingungen zurückzuführen. Verschimmelte Brotstellen sind nicht zum Verzehr geeignet und gesundheitsschädigend. Zur besseren Haltbarkeit ist deshalb für Schnittbrote der Zusatz von chemischen Konservierungsstoffen (z. B. Sorbinsäure) erlaubt. Fadenziehen tritt v. a. bei ungesäuertem oder nur schwach gesäuertem Brot auf. Das Brot ist dann nicht mehr genussfähig. Dunkle Brotsorten sind länger haltbar als helle.

Lagerzeiten:
• Weißbrot: 1–3 Tage
• Toastbrot: bis zu 1 Woche

- Brötchen: ½–1 Tag
- Milchbrötchen: 2–3 Tage
- Mischbrot: 3–5 Tage
- Roggenbrot: bis zu 1 Woche
- Weizenschrotbrot 4 Tage
- Roggenschrotbrot: 7–9 Tage
- Knäckebrot: mehrere Monate

LAGERBEDINGUNGEN

Trocken, kühl und luftig. Letzteres ist besonders wichtig, da Brot sonst leicht schimmelt. Am besten im Brotkasten oder im Brottopf lassen. Luftdicht abgeschlossene Behältnisse schützen zwar vor dem Austrocknen, fördern aber den Schimmelbefall.

TIPPS

- Brot möglichst in Originalverpackung (Einwickelpapier) belassen, um es vor vorzeitigem Austrocknen zu schützen. Besonders Schnittflächen abdecken.
- Behältnisse regelmäßig reinigen und mit Essigwasser auswaschen. Das verhindert Schimmelinfektionen!

Butter

VORRATSEIGNUNG

Nicht für den Notvorrat geeignet. Einfrieren ist möglich.

LEBENSMITTELKUNDE

Als Süßrahmbutter wird Butter bezeichnet, die nicht gesäuert ist, als Sauerrahmbutter solche, die einen bestimmten Säuregrad erreicht. Butter wird in drei Handelsklassen angeboten, die von der sensorischen Bewertung abhängig sind (Geruch, Geschmack, Aussehen, Gefüge, Konsistenz): beste Bewertung hat die deutsche Markenbutter, dann die Molkereibutter und zuletzt die Kochbutter.

LAGERBEDINGUNGEN

Im Kühlschrank gut verpackt aufbewahren. Vor Licht und Fremdgerüchen schützen.

HALTBARKEIT

Im Kühlschrank maximal 20 Tage haltbar, siehe Mindesthaltbarkeitsdatum. Frische Butter kann man ca. 6–8 Monate eingefroren lagern, Butter aus Lagerbeständen höchstens 3 Monate. Mit fortschreitender Lagerdauer muss mit Geschmackseinbußen gerechnet werden. Ranzige Butter ist nicht genießbar.

Butterschmalz

VORRATSEIGNUNG

Gut.

LEBENSMITTELKUNDE

Butterschmalz ist von Wasser und Eiweiß weitgehend befreites Butterfett. Es ist daher besser haltbar als Butter. Man kann es zum Kochen, Backen und Braten verwenden.

LAGERBEDINGUNGEN

Kühl, bei Temperaturen von 10–15 °C. Vor Luft und Licht schützen.

HALTBARKEIT

Bis zu 2 Jahren.

TIPP

Bei Verwendung anstelle von Butter sollte man die Menge umrechnen: ca. $\frac{1}{5}$ weniger Fett nehmen.

Eier

VORRATSEIGNUNG

Für kurzfristige Lagerung gut. Eipulver kann man in die Dauervorräte einreihen (allerdings nur selten im Handel erhältlich).

LEBENSMITTELKUNDE

Güteklassen bei Eiern werden nach Größe der Luftkammer des Eies eingeteilt. Je frischer das Ei, desto kleiner die Luftkammer.

LAGERBEDINGUNGEN

Kühl und trocken, vor Fremdgerüchen schützen.

HALTBARKEIT

Im Speiseschrank 2 Wochen, im Kühlschrank 3 Wochen. Ältere Eier haben im Vergleich zu frischen Eiern eine größere Luftkammer, der Dotter ist flacher und das Eiklar flüssiger. Auf den Packungen ist das Verpackungsdatum oder die Packzeit angegeben. Gekochte Eier (Ostereier) halten sich ca. 5–7 Tage.

TIPPS

- Frühstückseier schmecken besser, wenn man sie in der Speisekammer aufbewahrt.
- Enteneier müssen mindestens 10 Minuten gekocht werden (Salmonellengefahr).
- Verdorbene Eier zeigen, wenn man sie gegen das Licht hält, dunkle Flecken.

Essig

VORRATSEIGNUNG
Gut, in höheren Konzentrationen wirkt er konservierend.

LEBENSMITTELKUNDE
Durch Gärung hergestellt aus Wein (Weinessig), Branntwein (Branntweinessig), Obstwein (Obstessig) oder durch Verdünnen von Essigsäure mit Wasser und Zusetzen verschiedener Geschmacksstoffe (siehe Zutatenliste).

LAGERBEDINGUNGEN
In der Flasche geschlossen, dunkel und kühl aufbewahren.

HALTBARKEIT
1 Jahr und länger. Verderb kann eintreten durch wilde Hefen (schwammartiges Gebilde) oder unter Umständen durch sogenannte Essigälchen (= Fadenwürmer). Nicht gesundheitsschädlich, aber unappetitlich!

Fertiggerichte

VORRATSEIGNUNG
Gut.

LEBENSMITTELKUNDE
Fertiggerichte sind gekochte, vollständige Mahlzeiten, die nur erwärmt werden müssen. Meist enthalten sie Fleisch und Gemüse, dazu Kartoffeln, Nudeln oder Reis. Sie werden in Dosen oder Folienbehältern angeboten.

HALTBARKEIT
Vollkonserven sind mehrere Jahre lagerfähig; Fertiggerichte in anderen Verpackungen meist einige Monate. Siehe Mindesthaltbarkeitsdatum.

Fertigsalate und Salatsoßen

VORRATSEIGNUNG

Nur bedingt lagerfähig; nicht für den Notvorrat, aber für die schnelle Küche geeignet.

LEBENSMITTELKUNDE

Salate wie Fleischsalat, Heringssalat und Krabbensalat werden meist als Präserven, auch Halbkonserven genannt, angeboten. Sie haben nicht die Haltbarkeit von Vollkonserven und benötigen häufig Konservierungsstoffe, Dickungsmittel, Emulgatoren, Stabilisatoren, Farbstoffe und andere Zusatzstoffe.

Mayonnaisen bestehen aus 80 % Pflanzenöl, 7,5 % Eidotter (bezogen auf den Fettgehalt), Essig, Salz, Zucker und Gewürzen. Die Zugabe von Dickungsmitteln und Farbstoffen ist nicht erlaubt. Der Zusatz von Konservierungsstoffen muss kenntlich gemacht werden. Es gibt auch Salatmayonnaise, in der Dickungsmittel wie Stärke oder auch Gelatine enthalten sein dürfen. Sogenannte Mayonnaisesoßen oder Salatcremes sind mayonnaiseähnliche Zubereitungen, die kein Eigelb enthalten müssen. Remouladen sind aus Mayonnaise oder Salatmayonnaise hergestellt, mit Zusatz von Kräutern und Gewürzen.

LAGERBEDINGUNGEN

Fertigsalate im Kühlschrank bei 3–6 °C aufbewahren. Salatsoßen und Mayonnaisen sind ungeöffnet bei niedriger Raumtemperatur lagerfähig. Nach dem Anbrechen der Flaschen im Kühlschrank aufbewahren. Gläser stets vor Lichteinfall schützen.

HALTBARKEIT

Siehe Mindesthaltbarkeitsdatum des Herstellers (meist nur wenige Monate). Frische Mayonnaise hält sich im Kühlschrank höchstens bis zu 1 Woche.

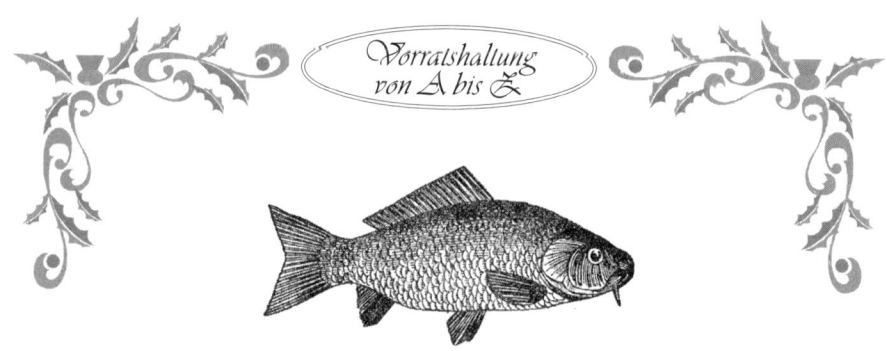

Fische und Fischerzeugnisse

VORRATSEIGNUNG

Für den Notvorrat geeignet sind nur Vollkonserven. Bedingt lagerfähig sind: Fischhalbkonserven (Präserven), mit oder ohne Kühlung, sowie Räucherfisch und tiefgekühlte Fische. Nicht geeignet ist Frischfisch.

HALTBARMACHUNG

Durch Einfrieren (nur fangfrische Fische verwenden).

LEBENSMITTELKUNDE

Fisch muss aufgrund seiner geringen Haltbarkeit sofort verarbeitet werden. Daher wird er hauptsächlich in seenahen Gebieten frisch angeboten. Ansonsten gibt es ihn im Handel auf die unterschiedlichsten Arten haltbar gemacht:

- Räucherfisch, heiß geräuchert: z. B. Bückling, Makrele, Hering, Schillerlocke, Aal, Forelle; kalt geräuchert: z. B. Lachshering, Lachs
- Fischhalbkonserven: Salzfische und Salzfischerzeugnisse (Matjesfilet, Sardellenfilet, Anchovis), Marinaden (Bismarckhering, Rollmops in Essig eingelegt), Bratfisch (pasteurisiert), Kochfisch in Gelee
- Fischvollkonserven (sterilisiert): z. B. Thunfisch, Hering, Ölsardine, Krabbenfleisch
- getrockneter Fisch: z. B. Stock- oder Klippfisch (nur selten im Handel)
- tiefgefrorener Fisch (z. T. noch auf See verarbeitet und tiefgefrostet: z. B. Kabeljau, Seelachs)

LAGERBEDINGUNGEN / HALTBARKEIT
Siehe Mindesthaltbarkeitsdatum bei abgepackter Ware.
- Vollkonserven: ohne Kühlung mindestens 1 Jahr haltbar
- Präserven, pasteurisiert: ohne Kühlung bis zu 6 Monaten haltbar
- Präserven, nicht pasteurisiert: nur gekühlt ca. 3 Monate/ siehe Mindesthaltbarkeitsdatum
- heiß geräucherter Fisch: gekühlt ca. 4 Tage
- kalt geräucherter Fisch: gekühlt ca. 9 Tage
- Frischfisch: gekühlt ca. 1 Tag
- Tiefkühlfisch: bei –18 °C 1–6 Monate (je nach Fettgehalt)

TIPPS
- Beim Einkauf sollten Sie unbedingt auf Qualität achten.
- Frischer Fisch hat eine elastische Konsistenz; beim Anfassen dürfen keine Druckstellen bleiben, das Filetfleisch hat eine helle Farbe, es darf keinen atypischen Geruch haben.
- Dosen dürfen nicht verbeult oder aufgebläht sein.
- Beim Einkauf von Frischfisch in Halbkonserven auf sachgerechte Lagerung im Geschäft achten.

Fleisch
VORRATSEIGNUNG
Für den Notvorrat: Vollkonserven (Fleischfertiggerichte); nicht geeignet: Frischfleisch.

LEBENSMITTELKUNDE
Fleisch muss einige Tage nach der Schlachtung abhängen, um genussreif zu werden, insbesondere ist dies bei Rind- und Wildfleisch erforderlich. Auch zum Einfrieren nur abgehan-

genes Fleisch nehmen. Beim Einkauf von Schweinefleisch besonders auf die Qualität achten; blasses, wässriges, extrem mageres Fleisch schmeckt nicht und ist minderwertig.

LAGERBEDINGUNGEN
- Vollkonserven: ohne Kühlung 1–3 Jahre
- Frischfleisch, vakuumverpackt: gekühlt (2–6 °C) siehe Mindesthaltbarkeitsdatum
- Frischfleisch: gekühlt (2–6 °C) 2 Tage
- Fleisch, zubereitet: gekühlt (2–6 °C) 1 Tag
- Innereien: gekühlt (2–6 °C) 1 Tag

Haltbarkeit in der Gefriertruhe (–18 °C):
- Rindfleisch: 10–12 Monate
- Schweinefleisch, mager: 4–8 Monate
- Schweinefleisch, fett: 2–3 Monate
- Kalbfleisch: 6–9 Monate
- Schaffleisch: 6–10 Monate
- Innereien: 3–6 Monate
- Hackfleisch: 2–3 Monate

TIPPS
- Fleisch nicht zusammen mit stark riechenden Lebensmitteln lagern.
- Vor Fliegen, Wärme und Sonneneinwirkung schützen.
- Haltbarkeitszeiten unbedingt einhalten.
- Konserven regelmäßig austauschen, da mit fortschreitender Lagerdauer Nährstoffe verloren gehen.

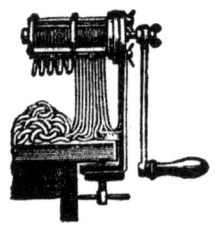

Frischgemüse

VORRATSEIGNUNG

Nicht gut geeignet, nur in der Gefriertruhe länger lagerfähig.

LEBENSMITTELKUNDE

Beim Einkauf beachte man jeweils die Saison der einzelnen Gemüsesorten. Saisongemüse ist preiswert und natürlich gewachsen. Häufig sind mit der Lagerung im Haushalt größere Wertminderungen verbunden, deshalb sollte es so rasch wie möglich verarbeitet werden. Die Handelsklassen sind kein Maßstab für Geschmack oder wertvolle Inhaltsstoffe, sondern geben nur Auskunft über Größe, Gewicht und äußere Beschaffenheit. Die billigen Klassen II und III können ernährungsphysiologisch genauso wertvoll sein wie Klasse I oder „Extra".

LAGERBEDINGUNGEN/HALTBARKEIT

Frischgemüse hält sich im Gemüsefach des Kühlschranks wenige Tage:

- Kopfsalat: 3 Tage
- Spinat: 2 Tage
- Erbsen, Bohnen: 3 Tage
- Wurzelgemüse: 8 Tage

Manche Gemüsesorten mögen es nicht zu kalt. Im Kühlschrank verlieren sie sehr schnell an Qualität. Man lagert sie besser bei kühler Zimmertemperatur von ca. 15 °C.

- Gurke wird bei unter 12 °C gummiartig.
- Tomaten werden bei 10–12 °C matschig.
- Paprika verfärben sich bei unter 10 °C braun und werden elastisch.
- Bohnen zeigen bei unter 7 °C bräunliche Verfärbungen und werden welk.
- Auberginen verlieren bei unter 7 °C an Festigkeit.

In der Gefriertruhe bei –18 °C sind fast alle Gemüsesorten gut lagerfähig. Um Verfärbungen, Geschmackseinbußen und vorzeitigen Vitaminabbau zu verhindern, werden die meisten Gemüsesorten vorher blanchiert (kurz in kochendes Salzwasser tauchen).

TIPPS

- Gemüse möglichst immer ganz frisch verwenden.
- Nur ganz erntefrisches Gemüse einfrieren.

Fruchtsäfte

VORRATSEIGNUNG

Sterilisierte Säfte sind gut geeignet und gehören in den Notvorrat. Nicht geeignet sind frisch gepresste und rohe Säfte.

LEBENSMITTELKUNDE

Beim Kauf von Säften achte man besonders auf den Fruchtgehalt. Nur was unter der Bezeichnung „Fruchtsaft" angeboten wird, enthält auch 100 % Saft. „Fruchtnektare" bestehen aus Fruchtsaft/-mark, Wasser (ca. 50 %) und Zucker. „Fruchtsaftgetränke" enthalten noch geringere Fruchtsaftanteile, höchstens 30 %. Säurereiche Früchte wie Zitrusfrüchte dürfen noch stärker verdünnt werden. Als „Fruchtsirup" wird der eingedickte Fruchtsaft mit mindestens 68 % Zucker bezeichnet.

Die Zugabe von Konservierungsstoffen ist unter Kennzeichnung erlaubt.

LAGERBEDINGUNGEN

Säfte werden in Flaschen oder in Tetrapaks abgefüllt, sie sollten bei niedriger Raumtemperatur und möglichst dunkel aufbewahrt werden.

HALTBARKEIT

Sterilisierte Säfte sind etwa 1–2 Jahre haltbar. Nach dem Öffnen im Kühlschrank aufbewahren und innerhalb weniger Tage verbrauchen.

TIPP

Fruchtnektar kann man selbst herstellen, indem man den Saft mit Mineralwasser verdünnt. So enthält er weniger Zucker und löscht besser den Durst.

Geflügel

VORRATSEIGNUNG

Nur Vollkonserven (Fertiggerichte) sind für den Notvorrat geeignet. Tiefkühlware ist gut haltbar.

LEBENSMITTELKUNDE

- Poularden sind Hähnchen (Hühnchen), die mehr als 1200 g wiegen. Sie ergeben eine Mahlzeit für 3–4 Personen.
- Suppenhühner werden weniger zum Braten verwendet, sie sind geeignet zum Kochen, z. B. für Frikassee. Sie wiegen ca. 1,5 kg, ausreichend für 4 Personen.
- Frühmastgänse sind schnell gemästete Jungtiere. Nach der ersten Federreife bezeichnet man sie als „junge Gänse" und nach der Geschlechtsreife als „Gänse".
- Ähnliche Bezeichnungen findet man bei Enten: „junge Enten" und „Enten". Besonders fleischreich sind sogenannte Flugenten.

- Für bestimmte Gerichte oder zur besseren Portionierung werden auch Geflügelteile angeboten, z. B. Brustfleisch, Schenkel oder Keulen.

LAGERBEDINGUNGEN

Kühl (im Kühlschrank): frisches oder aufzutauendes Geflügel für den baldigen Verbrauch auf einen Teller legen und darauf achten, dass es nicht mit anderen Lebensmitteln in Berührung kommt.

HALTBARKEIT

Lagerdauer bei –18 °C:
- Ente: 4–6 Monate
- Gans: 6–8 Monate
- Huhn: 8–10 Monate
- Pute: 4–6 Monate
- Fasan: 8–10 Monate
- Rebhuhn: 8–10 Monate

TIPPS

- Frisches und aufgetautes Geflügel sorgfältig behandeln, da sonst Salmonellengefahr besteht. Nicht mit anderen Lebensmitteln in Berührung bringen und benützte Schneidebretter oder Messer gründlich waschen.
- Geflügel stets gut durchbraten oder garen.
- Schnell bei tiefen Temperaturen einfrieren.
- Gefrorenes Geflügel langsam und schonend auftauen, am besten im Kühlschrank.
- Beim Einkauf von tiefgefrorenem Geflügel auf dessen einwandfreien Zustand achten (Verpackung, Schneebildung).
- Bereits aufgetautes Geflügel nicht wieder einfrieren. Notfalls zubereiten und wieder einfrieren.

Konservengemüse

VORRATSEIGNUNG
Gut für den Notvorrat geeignet.

LEBENSMITTELKUNDE
Fast alle Gemüsearten, ausgenommen Blattgemüse, können durch Sterilisieren und/oder Einlegen in eine Essig-Salz-Lösung konserviert werden. Manche Sorten eignen sich zum Säuern und werden auch als Sauerkonserven (z. B. Sauerkraut, Gurken, Silberzwiebeln etc.) angeboten.

LAGERBEDINGUNGEN/HALTBARKEIT
Eingewecktes Gemüse hält sich ohne Kühlung bis zu 1 Jahr, Vollkonserven bis zu 2 Jahren. In Essiglösung eingelegtes Gemüse kann dunkel, kühl, in mit Zellophan abgedeckten Steintöpfen einige Wochen bis Monate gelagert werden.

TIPPS
- In Konservengemüse ist häufig viel Salz enthalten, deshalb Gemüsebrühe wegschütten.
- Beim Einkauf für den Vorrat auf das Mindesthaltbarkeitsdatum achten.

Lagergemüse

VORRATSEIGNUNG
Nur bei geeigneten Lagerbedingungen bevorraten.

LEBENSMITTELKUNDE
Manche Gemüsesorten vertragen Frost und Schnee, sodass sie im Winter im Freien gelassen werden können. Winterhart sind v. a. Kohl- und Wurzelgemüse. Zum Einkellern nimmt man am besten die ganz späten Sorten (ab Oktober).

LAGERBEDINGUNGEN/HALTBARKEIT

Einige Gemüsesorten wie Grünkohl, Lauch, Rosenkohl, Bleichsellerie, in milderen Gegenden auch Chinakohl, Chicorée und Mangold, kann man im Winter ernten. Entweder lässt man sie einfach stehen oder versetzt sie an eine im Winter zugängliche Hauswand.

Wurzelgemüse kann man den Winter über ebenfalls im Freien lassen, sie müssen jedoch in sogenannten Mieten eingelagert werden. Das Gemüse wird dafür pyramidenförmig aufgeschichtet und mit Stroh und Erde gut abgedeckt, sodass das Lagergut keinen Frost bekommt. Sicherer sind diese Vorräte im geschützten Keller aufgehoben.

Zwiebeln und Knoblauch hängt man – zu Zöpfen geflochten – trocken, kühl und luftig auf den Dachboden, so halten sie einige Monate.

Aufbewahrung im Keller: Am besten dunkel, kühl (0–10 °C), bei Luftfeuchtigkeit um 80 %.

- Wurzelgemüse (Karotten, Rote Bete, Schwarzwurzeln etc.): in schwach befeuchtetem Sand einige Monate
- Endivie, Zuckerhut, Chinakohl, Blattsellerie: einige Wochen; mit Wurzel ernten und an Schnüren aufhängen, evtl. mit Plastikplane abdecken
- Kohlköpfe (Weiß-, Blaukraut, Wirsing): einige Monate; auf Lattenrosten oder in Holzkisten übereinander
- Kürbisse und Zucchini: einige Monate; in hängenden Netzen

TIPPS

- Gemüse nur bei geeigneten Räumen selbst bevorraten, besser frisch kaufen.
- Grabmieten sind bei strengem Frost nicht sicher genug, außerdem können Nagetiere das Lagergut plündern.
- Äpfel getrennt von Gemüse lagern. Sie können durch Absondern von Gas (Äthylen) die Qualität von Gemüse mindern.

Gewürze und Kräuter

VORRATSEIGNUNG
In getrockneter Form gut geeignet.

LEBENSMITTELKUNDE
Gewürze werden gemahlen oder im Ganzen angeboten. Getrocknete Kräuter gibt es in fein bzw. grob zerkleinerter Form oder als ganze Blättchen. Kräuter und Gewürze können vielseitig eingesetzt werden und zur Geschmacksverbesserung beitragen.

LAGERBEDINGUNGEN
Trocken, kühl und dunkel, in aromadichten Tütchen (Papier mit Alufolie), braunen (lichtgeschützten) Gläschen oder Kunststoffgewürzdosen lagern.

HALTBARKEIT
- Küchenkräuter: 1 Jahr
- Paprika und gemahlene Gewürze: 2 Jahre
- Anis, Dillsamen, Koriander, Nelken: 3 Jahre
- Pfeffer, Ingwer, Kardamom, Muskatnüsse, Piment, Zimt: 5 Jahre

Üblicherweise verderben Gewürze nicht, aber sie verlieren an Geschmack und Geruch.

TIPPS
- Gewürze besser lichtgeschützt im verschlossenen Schrank als im offenen Gewürzregal über dem Herd aufbewahren. Durch Küchendampf können die Gewürze feucht werden und schimmeln.

- Kräuter selbst trocknen ist ganz einfach: Kräuter ganz frisch schneiden, verlesen, bündeln und luftig-schattig aufhängen. Evtl. auch im Backofen vorsichtig bei 50 °C trocknen.

Honig

VORRATSEIGNUNG

Gut.

LEBENSMITTELKUNDE

Je nach pflanzlicher Herkunft des Honigs gibt es verschiedene Sorten: Waldhonig, Lindenhonig, Kleehonig, Obstblütenhonig etc. Sie unterscheiden sich in Geschmack und Aroma, Farbe und Beschaffenheit.

Manche Sorten kandieren nach dem Schleudern ziemlich rasch zu einer cremeartigen Masse, andere bleiben 1 Jahr und länger flüssig.

Honig ist immer „echt", d. h. ein reines Naturprodukt. Die wertvollen Inhaltsstoffe sind aber nur bei kalt geschleudertem Honig voll erhalten. Wird Honig beim Schleudern erhitzt (um eine größere Ausbeute zu erhalten), verliert er an Wert. Künstlich hergestellte, honigähnliche Zuckermischungen müssen immer als „Invertzuckercreme" gekennzeichnet sein.

LAGERBEDINGUNGEN

Kühl und lichtgeschützt, trocken. Bei ungünstiger Lagerung kann er anfangen zu gären.

HALTBARKEIT

Honig ist 1 Jahr und länger haltbar.

TIPPS

- Kandierten Honig kann man über dem Wasserbad wieder verflüssigen. Nicht über 40 °C erhitzen, da sonst wertvolle Inhaltsstoffe verloren gehen.

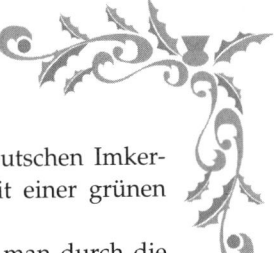

- Von bester Qualität sind Honige vom deutschen Imkerbund, abgefüllt in einheitliche Gläser mit einer grünen Banderole.
- Zum Backen genügen billige Honige, da man durch die hohen Temperaturen mit Qualitätsverlusten rechnen muss.

Hülsenfrüchte

VORRATSEIGNUNG

Gut.

LEBENSMITTELKUNDE

Als Hülsenfrüchte bezeichnet man die reifen getrockneten Samen der Leguminosen. In erster Linie zählen hierzu Erbsen, Bohnen, Linsen, Kichererbsen und Soja. Roh sind sie nicht genussfähig. Man muss sie genügend lange kochen, um darin enthaltene Giftstoffe unschädlich zu machen und um wichtige Inhaltsstoffe für den menschlichen Körper verwertbar zu machen.

Kochzeiten:
- Erbsen: 80–90 Minuten
- weiße Bohnen: 90–100 Minuten
- Linsen: 40–50 Minuten

Im Dampfdrucktopf können die Kochzeiten wesentlich verringert werden. Hülsenfrüchte werden auch in Konserven angeboten, oft in Form von Fertiggerichten (z. B. Linsen mit Speck). Sie müssen nur noch erwärmt werden.

LAGERBEDINGUNGEN

Trocken, kühl und luftig.

HALTBARKEIT

Ca. 1 Jahr haltbar; abgepackte Ware siehe Mindesthaltbarkeitsdatum.

TIPPS

- Kochzeiten kann man etwas verkürzen, indem man die Hülsenfrüchte bis zu 10 Stunden vorher einweicht.
- Salz immer erst gegen Ende der Kochzeit zugeben.
- Hülsenfrüchte werden bekömmlicher, wenn man sie nach 5–10 Minuten Kochzeit kurz mit kaltem Wasser abschreckt und anschließend fertig gart.

Kaffee und Kaffee-Ersatz
VORRATSEIGNUNG
Gut.

LEBENSMITTELKUNDE
Kaffee wird als ganze Bohne (Röstkaffee) oder gemahlen angeboten; zur besseren Verträglichkeit wird Kaffee teilweise entkoffeiniert.
Koffeingehalt:
- „normaler" Kaffee: 1,2–2,4 %
- entkoffeinierter Kaffee: bis zu 0,08 %
- koffeinarmer Kaffee: bis zu 0,2 %
- entkoffeiniertes Extraktpulver: bis zu 0,3 %

Kaffee-Ersatz enthält kein Koffein. Er besteht aus verschiedenen gerösteten Getreidearten, Zichorie, Feigen, Sojabohnen und dem Zusatz unterschiedlicher Zuckerarten.
In schlechten Zeiten wurde Kaffee-Ersatz anstelle von Bohnenkaffee verwendet, aber auch heute gibt es ihn noch zu kaufen. Teilweise wird er auch mit echtem Kaffee gemischt, die Angabe erfolgt in Prozent. Falls der Kaffee-Ersatz nur aus einer Frucht hergestellt wurde, lautet die Bezeichnung entsprechend: z. B. Zichorie-, Feigen- oder Malzkaffee.

LAGERBEDINGUNGEN
Luftdicht, kühl und trocken. Gemahlenen Kaffee bewahrt man am besten in der Original-Vakuumverpackung auf, gan-

ze Bohnen in aromadichten Verpackungen. Angebrochene Packungen immer gut verschließen und vor Fremdgerüchen schützen.

HALTBARKEIT
6–12 Monate; siehe auch Mindesthaltbarkeitsdatum. Nach dem Öffnen bald verbrauchen.

TIPPS
- Kaffee hält sein Aroma besser, wenn man ihn im Kühlschrank aufbewahrt.
- Sonderangebote nutzen! Bei großen Preisschwankungen lohnt es sich besonders.

Kakao

VORRATSEIGNUNG
Gut für den Notvorrat.

LEBENSMITTELKUNDE
Man findet Kakao im Handel mit 20 % Kakaobutter oder fettarm mit nur 8 % Kakaobutter, er kann aber auch gemischt mit Saccharose als gezuckertes Kakaopulver angeboten werden. Der Kakaoanteil wird angegeben.
Achtung: Für Kinder angebotene kakaohaltige Getränkepulver können stark zuckerhaltig sein (über 80 % Zucker!).

LAGERBEDINGUNGEN
Luftdicht, kühl und trocken, originalverpackt hält er sich am besten. Geöffnete Packungen immer gut verschließen und vor fremden Gerüchen schützen

HALTBARKEIT
½–1 Jahr. Geöffnete Packungen bald verbrauchen!

Kartoffeln

VORRATSEIGNUNG

Je nach Sorte gut oder auch weniger gut für das Winterlager geeignet.

LEBENSMITTELKUNDE

Man teilt Kartoffeln in 3 verschiedene Kochtypen ein:
1. festkochend
2. vorwiegend festkochend
3. mehlig kochend

Festkochende Sorten eignen sich bestens für Kartoffelsalat, aber auch wie vorwiegend festkochende Sorten für Salz-, Pell- und Bratkartoffeln. Mehlig kochende Sorten nimmt man für Kartoffelpüree, -puffer, -klöße, Suppen und Eintopfgerichte. Zum Einkellern sind von den mittelfrühen Sorten u. a. Hansa, Grandifolia, Grata, Culpa, Clivia, Bintje, Irmgard und von den mittelspäten bis späten Sorten u. a. Aula, Datura, Maritta geeignet.

LAGERBEDINGUNGEN

Hohe Luftfeuchtigkeit (ca. 90 %), Lagertemperatur bei 3–6 °C (frostfrei!), dunkel. Bei Lichteinfall wird verstärkt Vitamin C abgebaut und die Knolle wird grün. Zu warme Temperaturen begünstigen das Keimen. Frost bewirkt geschmackliche Veränderungen der Kartoffel, sie wird dann oft süß.

HALTBARKEIT

Je nach Sorte und Lagerbedingungen sind Kartoffeln bis Mai, sogar Juni lagerfähig, lang halten sich ganz späte Sorten.

TIPPS

- Nur unbeschädigte, gut sortierte, trockene, saubere Ware einlagern.
- Knollen nur bis zu 40 cm hoch sorgfältig auf einem Lattenrost aufhäufen, dabei auf eine gute Luftzirkulation achten!

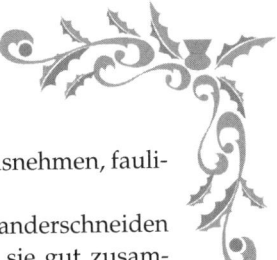

- Kartoffeln offen lagern, aus der Folie herausnehmen, faulige Knollen immer sofort aussortieren!
- Reibeprobe: Kartoffel in der Mitte auseinanderschneiden und die Hälften aneinanderreiben. Wenn sie gut zusammenkleben und sich am Rand Schaum bildet, handelt es sich um eine gute Qualität.
- Keime an den Kartoffeln immer erst kurz vor dem Kochen entfernen.
- Grüne Stellen großzügig wegschneiden, grüne und kranke Knollen nicht verwenden.

Käse

VORRATSEIGNUNG
Je nach Reifezeit verschieden, besonders lagerfähig sind Hart- und Schmelzkäse.

LEBENSMITTELKUNDE
Käse wird meist nach seinem Fettgehalt eingeteilt. Der Fettgehalt bezieht sich immer auf die Trockenmasse (= Gesamtgewicht abzüglich Wassergehalt): Je weicher ein Käse ist, desto mehr Wasser enthält er (z. B. Hartkäse ca. 50 % Wasser, Frischkäse ca. 80 % Wasser).
- Doppelrahmstufe: 60–87 % Fett i. Tr.
- Rahmstufe: 50–59,9 % Fett i. Tr.
- Vollfettstufe: 45–49,9 % Fett i. Tr.
- Fettstufe: 40–44,9 % Fett i. Tr.
- Dreiviertelfettstufe: 30–39,9 % Fett i. Tr.
- Halbfettstufe: 20–29,9 % Fett i. Tr.
- Viertelfettstufe: 10–19,9 % Fett i. Tr.
- Magerstufe: 0–9,9 % Fett i. Tr.

LAGERBEDINGUNGEN / HALTBARKEIT
Lagerzeit bei 10 °C:
- Hartkäse: 9 Monate
- Schnittkäse: 4 Monate

- Weichkäse: 1½ Monate
- Frischkäse (wärmebehandelt): 30 Tage
- Speisequark: 14 Tage
- Schmelzkäse: 12 Monate

Allgemein gilt für Käse: Vor Wärme, Licht, Luftsauerstoff schützen, deshalb kühl, dunkel und gut verpackt aufbewahren. Nicht zu kalt lagern, da unter 6 °C die Aromabildung gehemmt wird. Käse, der nachreifen soll, bei 15 °C aufbewahren (nicht im Kühlschrank). Hartkäse verträgt Temperaturen bis zu 0 °C, Frischkäse hat eine optimale Lagertemperatur um 4 °C.

TIPPS
- Käse nie unverpackt in den Kühlschrank legen. Besonders für Käseaufschnitt eignet sich eine Kunststoffverpackung (luftdicht!) oder auch eine Aluminiumfolie.
- Edelschimmel auf bestimmten Käsesorten ist ungefährlich. Anderen verschimmelten Käse wegwerfen.

Kondensmilch und Kaffeesahne
VORRATSEIGNUNG
Gut im Notvorrat.

LEBENSKUNDE
Kondensmilch bzw. -sahne wird hergestellt aus Milch oder Sahne. Sie wird durch teilweisen Entzug von Wasser ein-

gedickt und keimfrei gemacht. Es gibt sie in verschiedenen Fettstufen (steht auf dem Etikett). Kaffeesahne enthält mindestens 10 % Fett und wird ultrahocherhitzt (H-Kaffeesahne) oder sterilisiert angeboten.

LAGERBEDINGUNGEN
Bei niedriger Zimmertemperatur lagern.

HALTBARKEIT
Siehe Mindesthaltbarkeitsdatum. Kondensmilch hält sich mindestens 1 Jahr. Sterilisierte Kaffeesahne kann ca. 6 Monate, H-Kaffeesahne 2–3 Monate gelagert werden.

TIPP
Kondensmilcherzeugnisse kann man auch zum Binden und Verlängern von Soßen einsetzen.

Limonade
VORRATSEIGNUNG
Gut.

LEBENSMITTELKUNDE
Limonaden sind süße alkoholfreie Erfrischungsgetränke. Sie werden hergestellt aus natürlichen Frucht- oder Pflanzenauszügen (auch Fruchtsäfte), Frucht- oder Genusssäuren, Wasser und Zucker (mindestens 7 %). Meist sind sie mit Kohlendioxid versetzt. Zu den Limonaden zählen auch Cola, Bitter Lemon, Bitter Orange, Tonic Water etc.

LAGERBEDINGUNGEN
Originalverschlossen, dunkel und kühl.

Margarine
VORRATSEIGNUNG
Nur für kurzfristigen Bedarf.

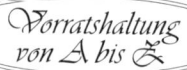

LEBENSMITTELKUNDE

Margarine besteht vorwiegend aus pflanzlichen Ölen und Fetten und ca. 20 % Wasser. Als Zusätze werden Magermilch, Emulgatoren, Stärke, Aroma- und Farbstoffe beigegeben. Der Fettgehalt von Margarine beträgt mindestens 80 %, Halbfettmargarinen haben nur etwa 40 % Fett. Letztere sind deshalb nur als Brotaufstrich, wegen des hohen Wassergehalts aber nicht zum Kochen, Backen oder Braten geeignet. Dies muss auch auf der Packung deutlich gekennzeichnet sein.

Margarine wird angeboten:

- als Haushaltsmargarine: Standardware (Gemisch aus Fetten pflanzlicher und tierischer Herkunft).
- als Pflanzenmargarine: darf nur als solche benannt werden, wenn sie zu 97 % aus pflanzlichen Fetten besteht.
- als Spezialmargarine: mit dem Hinweis auf besonders hohen Anteil an mehrfach ungesättigten Fettsäuren (sie enthalten über 50 % Linolsäure) oder mit der Bezeichnung „natriumarm" (sie dürfen nicht mehr als 120 mg Natrium pro 100 g enthalten).
- als Kochmargarine: zum Kochen, Backen und Braten bestimmt.
- als Margarineschmalz: fast wasserfreies Produkt, eignet sich deshalb besonders zum Braten.

LAGERBEDINGUNGEN

Kühl, dunkel und gut verpackt aufbewahren, am besten im Kühlschrank. Allgemein: vor Wärme, Licht, Luftsauerstoff und Fremdgerüchen schützen. Zum Einfrieren zusätzlich in gefriergeeignete Verpackungen geben.

HALTBARKEIT

Je nach Lagerbedingungen und Zusammensetzung mehrere Wochen bis Monate, siehe Mindesthaltbarkeitsdatum. Eingefroren hält sie sich etwa 3–6 Monate. Verderb tritt durch Ranzigwerden ein.

TIPP
Auf Verwendungszweck der Margarine achten: zum Kochen, Backen und Braten oder als Brotaufstrich.

Mehl

VORRATSEIGNUNG
Gut, für den Notvorrat weißes Mehl einlagern, frisch gemahlenes Vollkornmehl ist nur kurze Zeit lagerfähig.

LEBENSMITTELKUNDE
Mehl wird nach Typenzahlen angeboten.
• Weizenmehl: 405, 550, 1050 u. a.
• Roggenmehl: 815, 1150, 1590 u. a.
Je höher die Typenzahl, desto höher ist der Schalenanteil (= Ausmahlungsgrad), desto dunkler, vitamin- und mineralstoffreicher ist das Mehl und besitzt etwas bessere Backeigenschaften. Grob gemahlene Mehle aus dem ganzen Korn nennt man Schrotmehle. Das Abfallprodukt, das beim Schälen des Korns anfällt, ist die Kleie.

LAGERBEDINGUNGEN
Kühl, trocken und luftig, am besten in der Originalverpackung (Papiertüte) aufbewahren. Hin und wieder auf Vorratsschädlinge überprüfen.

HALTBARKEIT
Helles Mehl hält sich 1 bis mehrere Jahre, mittelhelles bis dunkles Mehl wegen seines höheren Fettgehalts nur 3–4 Wochen. Im Handel angebotene Vollkornmehle können durch entsprechende Behandlung auch länger lagerfähig sein, siehe Mindesthaltbarkeitsdatum.

TIPPS
• Wer immer frisches Vollkornmehl haben möchte, schaffe sich eine Getreidemühle an.

- Beim Verbacken von Vollkornmehl wird mehr Flüssigkeit benötigt. Teig gut quellen lassen.
- Kleie hilft bei Darmträgheit. Man sollte immer ausreichend Flüssigkeit zur Kleie trinken (pro Esslöffel mindestens 1 Tasse Wasser), sonst kann es zu einer Verstopfung kommen.

Milch

VORRATSEIGNUNG

Für den Notvorrat geeignet: Trockenmilch, insbesondere Magermilchpulver. Bedingt lagerfähig: Sterilmilch. Für die kurzfristige Lagerung H-Milch. Nicht lagerfähig: Rohmilch und pasteurisierte Milch.

LEBENSMITTELKUNDE

Milch wird in verschiedenen Fettstufen zum Verkauf angeboten:

- Vollmilch: 3–3,5 % Fett
- teilentrahmte Milch: 1,5–1,8 % Fett
- entrahmte Milch: 0,3 % Fett

Milch wird zur besseren Verteilung des Fettes homogenisiert. Die Fettkügelchen der Milch werden dabei aufgespalten, um ein Aufrahmen der Milch zu verhindern. Das Erhitzen von Milch bewirkt durch Keimverminderung bzw. Abtötung von Krankheitskeimen eine längere Haltbarkeit:

- pasteurisierte Milch: wenige Sekunden auf 71–74 °C erhitzt
- H-Milch, ultrahocherhitzt: für Sekunden auf 135–150 °C erhitzt
- sterilisierte Milch: 20–30 Minuten auf 115–118 °C erhitzt

Je länger erhitzt wird, umso mehr Vitamine gehen verloren. ESL-Milch wird stärker erhitzt als pasteurisierte Milch, aber weniger stark als H-Milch, sie kann aber auch filtriert werden. Im Handel wird sie mit „Frischmilch – länger haltbar" gekennzeichnet.

LAGERUNG
Kühl, dunkel und gut verpackt aufbewahren, am besten im Kühlschrank. H-Milch und Sterilmilch sind auch bei Zimmertemperatur lagerfähig. Grundsätzlich gilt für jede Milch: vor Wärme, Licht, Sauerstoff und Fremdgerüchen schützen. Milchpulver außerdem trocken lagern.

HALTBARKEIT
- Rohmilch (Vorzugsmilch): im Kühlschrank einige Tage; siehe Mindesthaltbarkeitsdatum
- pasteurisierte Milch („Frischmilch – traditionell hergestellt"): im Kühlschrank 3–4 Tage, siehe Mindesthaltbarkeitsdatum
- ESL-Milch „Frischmilch – länger haltbar": im Kühlschrank 12–21 Tage
- H-Milch: bei Zimmertemperatur 6–8 Wochen
- Sterilmilch: bei Zimmertemperatur ½ Jahr
- Vollmilchpulver: bei kühler Zimmertemperatur originalverpackt ½–1 Jahr
- Magermilchpulver: bei kühler Zimmertemperatur originalverpackt 1 Jahr und länger
- Milchpulver, geöffnete, wiederverschließbare Packung in Gebrauch: bei kühler Zimmertemperatur ca. 3–4 Wochen

Verderb: Frischmilch wird sauer, evtl. erwünscht bei Herstellung von Dickmilch („Stöckeln"); H-Milch und Sterilmilch können bitter oder so in ihrer Konsistenz verändert werden, dass sie nicht mehr genussfähig sind.

TIPP
Für Kinder immer Vollmilch verwenden, da im Fett wichtige Vitamine gebunden sind.

Nudeln und Teigwaren

VORRATSEIGNUNG

Geeignet für den Notvorrat. Nudeln kann man auch selbst auf Vorrat machen.

LEBENSMITTELKUNDE

Teigwaren gibt es in allen Formen und Variationen. Sie bestehen in der Hauptsache aus Mehl oder Hartweizengrieß, ggf. Eiern und Wasser.

Nach den Zutaten unterscheidet man zwischen „eifreien Teigwaren" (ohne oder mit nur geringem Eigehalt), „Eierteigwaren" (2¼ Eier pro kg Mehl) und „Teigwaren mit hohem Eigehalt" (4 Eier pro kg Mehl). Anstelle von ganzen Eiern kann auch Eidotter oder Eipulver in entsprechender Menge zugegeben werden. Bei Frischei-Teigwaren muss die Eimenge pro kg Mehl gekennzeichnet sein.

LAGERBEDINGUNGEN

Trocken, luftig, gleichmäßig temperiert und getrennt von stark riechenden Lebensmitteln aufbewahren.

HALTBARKEIT

6 Monate bis 1½ Jahre. Vollkornnudeln haben eine kürzere Haltbarkeit, siehe Mindesthaltbarkeitsdatum.

TIPP

Gekochte Teigwarenreste kann man zur Not auch einfrieren.

Nüsse

VORRATSEIGNUNG

Gut, auch für den Notvorrat.

LEBENSMITTELKUNDE

Zum Kauf angeboten gibt es: Haselnüsse, Walnüsse, Mandeln, Esskastanien, Pistazien, Pekannüsse, Paranüsse, Ca-

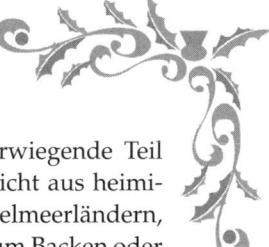
shewnüsse, Erdnüsse, Kokosnüsse. Der überwiegende Teil der im Handel befindlichen Nüsse stammt nicht aus heimischer Ernte, sondern aus den südlichen Mittelmeerländern, aber auch aus Amerika, Afrika oder Indien. Zum Backen oder Verfeinern von Speisen werden Nüsse bereits gemahlen, geraspelt, in Stiftchen geschnitten oder geröstet angeboten.

LAGERBEDINGUNGEN
Nüsse sollten kühl (2–8 °C), trocken und luftig gelagert werden; bei unsachgemäßer Lagerung werden sie leicht ranzig oder auch schimmelig.

HALTBARKEIT
½–1 Jahr, gemahlene Nüsse haben eine kürzere Lagerdauer.

TIPPS
- Bei Schimmelverdacht unbedingt wegwerfen, da sich giftige Stoffe entwickelt haben können.
- Beim Kauf auf das Mindesthaltbarkeitsdatum bzw. auf Erntezeiten achten.

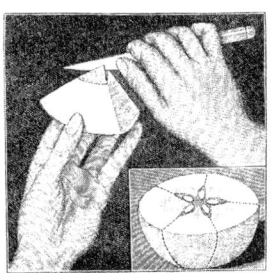

Obst

VORRATSEIGNUNG
Für den Notvorrat Obstkonserven, selbst eingemachtes Kompott sowie Marmelade und Trockenobst. Gut lagerfähig ist unter günstigen Bedingungen auch einheimisches Kernobst

wie Äpfel, Birnen und Quitten. Bedingt lagerfähig ist eingelegtes Obst in Essig-Zucker-Lösung und tiefgefrorenes Obst. Nicht geeignet: frische Beeren und anderes Frischobst.

LEBENSMITTELKUNDE

Beim Einkauf von Obst werfe man einen Blick auf den Obstkalender. Zur richtigen Saison haben die Früchte die beste Qualität und sind zudem häufig am billigsten. Auch bei nur kurzer Lagerung im Haushalt entstehen oft große Nährwertverluste, deshalb empfiehlt es sich, Früchte noch am Tag der Ernte zu verarbeiten. Obst wird wie Gemüse nach Handelsklassen eingeteilt, die jedoch nur ein Maßstab für äußere Qualitätsmerkmale sind.

LAGERBEDINGUNGEN/HALTBARKEIT:

- Konserven und Einmachobst: kühl und dunkel, 1–3 Jahre haltbar
- Konserven, geöffnet: im Kühlschrank (3–6 °C, in einer Schüssel mit Folie abdecken) 2 Tage haltbar
- eingelegtes Obst: kühl und dunkel (in Steinguttöpfen, mit Einmachzellophan verschließen) 6–12 Monate haltbar, je nach Zucker- oder Alkoholzugabe
- Marmeladen/Konfitüren/Gelees: kühl, dunkel, in Gläsern mit Schraubdeckel oder Einmachzellophan 6–12 Monate haltbar, je nach Zuckergehalt
- Trockenobst: kühl, trocken und luftig aufbewahren (in Zellophan oder Papiertüten), 1 Jahr haltbar
- Frischobst: im Kühlschrank (3–6 °C, offen oder in luftdurchlässigen Kunststoffbeuteln) 2–10 Tage haltbar
- Lagerobst: im Keller (Luftfeuchtigkeit 80–90 %, 12 °C, belüftbar) Äpfel 3–6 Monate haltbar, Birnen 1–3 Monate haltbar
- Tiefkühlobst: in Gefriertruhe bei –18 °C 8–12 Monate haltbar; Zusatz von Zucker und Ascorbinsäure verbessert die Haltbarkeit

Obstkonserven und selbst eingemachtes Kompott sind auch über die angegebene Lagerzeit hinaus noch genussfähig, die Qualität ist jedoch vermindert. Ebenso gilt dies für Tiefkühlobst, das zu lange in der Gefriertruhe gelagert wurde.

TIPPS

- Kompotte und zuckerarme Marmeladen, wenn sie schimmeln, nicht vom Schimmel befreien und aufkochen, sondern wegwerfen! Kochen kann die Giftstoffe nicht beseitigen.
- Marmeladen mit einem Zuckergehalt von mindestens 50 % können noch verzehrt werden, wenn man die Schimmelstelle großzügig abnimmt.
- Lagerobst öfter kontrollieren und faulige Früchte aussortieren. Hin und wieder lüften!

Pilze

VORRATSEIGNUNG

Getrocknete Pilze eignen sich gut, ebenfalls Dosenpilze wie z. B. Champignons. Nur bedingt geeignet sind pasteurisierte Produkte; nicht geeignet sind frische Pilze.

LEBENSMITTELKUNDE

Pilze selbst zu sammeln, bedarf einiger Kenntnisse. Es ist wegen der zunehmenden Schadstoffbelastung der Pilze (Kadmium, Quecksilber, Radioaktivität) und aus Umweltschutzgründen nicht bedenkenlos zu empfehlen. Dafür gibt es immer mehr Pilze aus Zuchtbetrieben: Champignons, Egerlinge, Braunkappen und Austernpilze.

LAGERBEDINGUNGEN

Pilze sollten noch am selben Tag, an dem sie gesammelt oder gekauft wurden, zubereitet und verzehrt oder weiterverarbeitet werden. In jedem Fall müssen sie luftig gelagert werden. Schon beim Sammeln in luftdurchlässige Behältnisse

wie Körbe legen. Darauf achten, dass sie nicht faulig oder wurmig sind. Nicht drücken! Möglichst nur bei trockener Witterung sammeln. Pilzkonserven und Gläser dunkel aufbewahren, getrocknete Pilze wie Gewürze lagern.

HALTBARKEIT

Pilzeiweiß ist rasch verderblich, daher müssen Pilze umgehend verwendet werden. Zuchtchampignons oder -egerlinge halten sich im Gemüsefach des Kühlschranks etwa 1 Tag. Beim Kauf auf Frische achten! Bereits zubereitete Pilze nicht über längere Zeit stehen lassen und auch nicht aufwärmen. Reste können aber gleich nach dem Abkühlen eingefroren werden. Nicht verwendete Champignons aus der Dose kann man in ein anderes Gefäß umfüllen und im Kühlschrank 1 Tag aufbewahren. Tiefgefrorene Pilze (blanchiert) halten sich bei einer Lagerung von –18 °C etwa 8–10 Monate, Pilzfertiggerichte etwa 3 Monate. Konserven lassen sich problemlos bis zu 2 Jahren aufbewahren. Getrocknete Pilze halten sich 1 Jahr und länger, verlieren aber an Aroma.

TIPP

Pilze selbst trocknen: Nur erstklassige, frische Ware nehmen, in feine Scheiben schneiden und auf einem Gitter luftig auslegen. Man kann sie auch auf Fäden ziehen und aufhängen. Bei nasser Witterung ist es besser, sie vorsichtig im Backofen bei 50 °C zu trocknen. Dabei die Backofentür einen Spaltbreit offen lassen, damit die Feuchtigkeit entweichen kann. Die getrockneten Pilze sollte man in sauberen Schraubgläsern aufbewahren.

Reis

VORRATSEIGNUNG

Gut, in den Notvorrat gehören geschälter Reis (evtl. auch Kochbeutel- oder Schnellkochreis), Langkorn- oder Milchreis. Größere Vorratsmengen werden benötigt in Haushalten

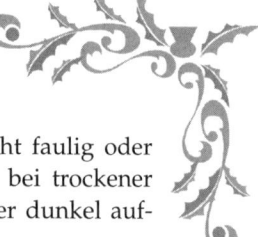

mit diätbedürftigen Personen, älteren Menschen und Kindern.

LEBENSMITTELKUNDE

Reis wird enthülst, gereinigt, geschält, sortiert, häufig auch geschliffen und poliert. Nach der Form des Reiskorns unterscheidet man folgende Sorten:

- Langkornreis (= Patna- oder Tafelreis), hart und glasig, eignet sich für Suppen, Aufläufe, Risottos und Beilagen.
- Rundkornreis (= Milch- und Risottoreis), rund und weichkochend, eignet sich für Brei, Süßspeisen und Risottos.

Weitere Angebotsformen:

- Naturreis (= Braunreis): besteht aus dem enthülsten Reiskorn. Die Randschichten des Korns, wie Silberhäutchen und der Keim, werden nicht entfernt. Er eignet sich für alle Reisgerichte.
- Parboiled Reis: extra vorbehandelter Reis. Durch ein besonderes Verfahren werden Vitamine der Randschichten in das Innere verlagert.
- Ferner wird Reis als Bruchreis (= gebrochene Körner), als Schnellkochreis (= vorgegarter Reis) oder als sogenannter Kochbeutelreis in den Handel gebracht.

LAGERBEDINGUNGEN

Trocken und luftig, vor stark riechenden Waren schützen. Hin und wieder auf Schädlingsbefall überprüfen.

HALTBARKEIT

Geschälter weißer Reis hält sich über 2 Jahre, Vollkornreis etwa ½ Jahr, da er ranzig werden kann.

Salz
VORRATSEIGNUNG

Gut, gehört in den Notvorrat. Salz kann als Konservierungsmittel eingesetzt werden.

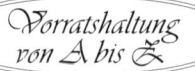

LEBENSMITTELKUNDE

Salz wird zum Würzen von Speisen und in konzentrierter Form zum Konservieren von Lebensmitteln, z. B. Fleisch, verwendet. Es kann aus dem bergmännischen Anbau von Steinsalz oder aus dem Meer gewonnen werden. Je nach Herkunft können unterschiedliche Mengen an verschiedenen Salzen und Mineralien enthalten sein. Insbesondere Meersalz ist reich an Spurenelementen. Jodiertes Speisesalz ist Kochsalz, dem 1,5–2,5 mg Jod pro 100 g zugesetzt werden. Kochsalzersatz wird bei natriumarmer Kost eingesetzt, es besteht aus Verbindungen von Kalium, Magnesium und Kalzium mit verschiedenen Säuren (z. B. Wein- oder Zitronensäure).

LAGERBEDINGUNGEN

Trocken. Bei feuchter Lagerung verklumpt das Salz schnell und ist nicht mehr streufähig.

HALTBARKEIT

Salz ist unbegrenzt haltbar.

TIPPS

• Frische Kräuter können die Salzzugabe mindern und verleihen den Speisen einen würzig-feinen Geschmack.
• Salz nach Möglichkeit erst gegen Ende der Kochzeit zugeben.

Schokolade

VORRATSEIGNUNG

Gut, kann nach Wunsch in den Notvorrat aufgenommen werden.

LEBENSMITTELKUNDE

Je nach Kakaobestandteilen (Kakaomasse/-butter) und Milchbestandteilen unterscheidet man zwischen Haushalts- bzw. Blockschokolade und Schokolade bzw. Milchschokola-

de. Dazu kommt ein vielfältiges Angebot an Schokoladenerzeugnissen, z. B. Pralinen, Kuvertüre, Schokostreusel.

LAGERBEDINGUNGEN

Kühl aufbewahren und vor Fremdgerüchen schützen. Bei zu warmer Lagerung bildet sich ein „Fettreif" (grauer Belag), der das Aussehen und die Form beeinträchtigt.

HALTBARKEIT

- Tafel- und Milchschokolade: ½ Jahr
- Blockschokolade und Sorten mit wenig Milchanteil: 1 Jahr

TIPP

Flüssig gewordene Schokolade wird in wenigen Minuten im Gefrierfach des Kühlschranks wieder fest.

Speisefett

VORRATSEIGNUNG

Gut, gehört in den Notvorrat.

LEBENSMITTELKUNDE

Zunächst wird unterschieden zwischen tierischen und pflanzlichen Fetten. Fette pflanzlicher Herkunft sind bei Zimmertemperatur meist flüssig und werden als Öle bezeichnet. Durch Härten kann man aus Ölen streichfähige Fette herstellen, man spricht auch von Fetthärtung. Andererseits teilt man Fette nach ihrer Verwendung in der Küche ein.
Je nach Zusammenstellung des Fettes sind mehr oder weniger hitzebeständig:
- kalt: Diätmargarine als Brotaufstrich
- unter 100 °C: Koch- und Backfette
- 130–180 °C: Bratfette
- über 180 °C: Frittierfette (nur wasserfreie Fette)
Man beachte jeweils die Angaben des Herstellers.
Öle, die ohne Wärmezufuhr durch Pressen gewonnen wer-

den, bezeichnet man als kalt gepresste Öle. Die meisten Öle werden heute mithilfe des Extraktionsverfahrens (Verwendung von Lösungsmitteln) gewonnen. Diese Öle müssen gereinigt (= raffiniert) werden.

LAGERBEDINGUNGEN
Stets kühl und dunkel lagern, vor Licht, Luftzufuhr und Fremdgeruch schützen.

HALTBARKEIT
1–2 Jahre. Besonders gut lagerfähig sind Plattenfette.

TIPPS
Fett darf niemals verbrennen! Verfärbt sich das Fett dunkel, bekommt beim Erwärmen einen stechenden Geruch und fängt an zu qualmen, dann sollte man es besser nicht mehr verwenden. Dieses Fett ist gesundheitsschädlich.

Tee
VORRATSEIGNUNG
Gut, gehört in den Notvorrat. Für Kinder: Kräutertee.

LEBENSMITTELKUNDE
Unter „Tee" versteht man üblicherweise schwarzen Tee aus den Blättern des Teestrauches. Daneben gibt es aber viele Tees, die aus den Teilen anderer Pflanzen (z. B. Himbeeren, Brombeeren) oder aus Kräutern (z. B. Pfefferminze, Kamille, Zitronenmelisse) bereitet werden. Hinzu kommen industriell aufbereitete Tee-Extrakte (Instant-Tee) und Tee-Mixgetränke (z. B. aus Zitronen, Orangen, Äpfeln).

LAGERBEDINGUNGEN
Trocken, dunkel und bei mittlerer Raumtemperatur (ca. 20 °C) aufbewahren: in der Originalverpackung (Papiertüte), in Blechdosen, Gläsern, Porzellan- oder Steingutgefäßen.

Haltbarkeit

Etwa 3 Jahre, mit zunehmender Lagerzeit verliert der Tee an Aroma.

Tipps

- Kräutertees können besonders in Notfällen zur Linderung von Beschwerden dienen. Beispielsweise leiden Babys häufig unter Blähungen, wogegen bestimmte „Kindertees" (Anis, Fenchel etc.) Abhilfe leisten können.
- Zuckergehalt bei Instant-Teemischungen beachten!
- Schwarzer Tee hat, wenn man ihn nur kurz (2 Minuten) ziehen lässt, eine anregende Wirkung. Zieht er 4–5 Minuten, wirkt er eher beruhigend.

Trockenobst

Vorratseignung

Gut, gehört in den Notvorrat.

Lebensmittelkunde

Trocknen und Dörren ist die älteste Methode der Haltbarmachung. Mit dem Trocknen wird den Früchten Wasser entzogen und damit steigt die Fruchtzuckerkonzentration an. Deshalb ist getrocknetes Obst auch weitgehend vor Verderb geschützt. Beliebte Trockenfrüchte sind Äpfel, Birnen, Aprikosen, Pflaumen, Trauben (Rosinen), Feigen und Datteln.

Zur Farberhaltung werden helle Obstsorten manchmal geschwefelt. Bei Verwendung von mehr als 50 mg Schwefel pro kg muss dies gekennzeichnet werden. Nicht geschwefelt werden dürfen Korinthen (= kleine schwarze kernlose Rosinen). Feigen und Datteln zeigen oftmals einen hellen Belag, der von auskristallisiertem Zucker herrührt.

LAGERBEDINGUNGEN

Trocken, kühl und luftig. Datteln nicht zu trocken lagern. Als Verpackung am besten Zellophan verwenden. Auf Milbenbefall achten!

HALTBARKEIT

Etwa 1 Jahr.

TIPPS

- In Notzeiten tragen Trockenfrüchte zur Vitamin- und Mineralstoffversorgung bei. Ihre Lagerung ist problemlos.
- Anstelle von Zucker können Trockenfrüchte auch zum Süßen verwendet werden, z. B. in Gebäck und Nachspeisen.
- Trockenobst kann man vor der Verwendung einige Stunden in lauwarmes Wasser legen und quellen lassen.

Wasser

VORRATSEIGNUNG

Für den Notvorrat: Mineralwasser oder andere Wasserarten sind evtl. auch für die Zubereitung von Säuglingsnahrung verwendbar.

LEBENSMITTELKUNDE

Im Handel findet man „natürliches Mineralwasser", Quellwasser, Tafelwasser, Sole u. v. m. Sie enthalten unterschiedliche Mengen an gelösten Salzen (Mineralstoffe) und freiem Kohlendioxid. Teilweise werden sie von Kohlendioxid befreit oder künstlich damit versetzt oder ggf. entschwefelt oder enteisent. Ihre Reinheit bzw. ihre Zusammensetzung müssen den gesetzlichen Anforderungen der im Lebensmittelgesetz verankerten Tafelwasser-Verordnung entsprechen.

LAGERBEDINGUNGEN

Kühl, dunkel und verschlossen. Leitungswasser in saubere Kunststoffkanister oder in Flaschen abfüllen. Um eine Ver-

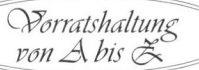

keimung zu verhindern, können Entkeimungstabletten zugesetzt werden. Diese sind in der Apotheke oder Drogerie erhältlich.

HALTBARKEIT
Mineralwasser/Quell-Tafelwasser: ca. 1 Jahr
Leitungswasser (mit Entkeimungstablette): ca. 6 Monate

TIPPS
- Bei verseuchtem Trinkwasser kann Mineralwasser als Leitungswasserersatz zum Bereiten von Getränken oder Speisen verwendet werden.
- Ein Kanister Leitungswasser als Reserve eignet sich auch zum Waschen und für die Körperhygiene.

Zucker
VORRATSEIGNUNG
Gut, gehört in den Notvorrat.

LEBENSMITTELKUNDE
Der üblicherweise im Haushalt verwendete weiße Zucker ist gleichzusetzen mit den Begriffen „Haushalts-", „Fabrik-" und „Industriezucker". Er wird ferner nach seinen Ausgangsprodukten auch als „Rüben-" oder „Rohrzucker" be-

zeichnet. Nach dem jeweiligen Verwendungszweck gibt es ihn als Würfelzucker (für Getränke), Puderzucker, Zuckerhut (für Feuerzangenbowle) oder Hagelzucker (Verzierung von Gebäck).

Weiterhin gibt es Sonderformen wie Gelierzucker (mit Pektinen und Zitronensäure für die Marmeladenherstellung), Vanillinzucker (zum Backen) und Karamellzucker (= gebrannter Zucker), der wegen seines typischen Karamellgeschmacks hergestellt wird.

Farinzucker ist feinkörniger brauner Zucker, der aus dem Zuckerablaufsirup hergestellt wird und nicht die Reinheit von weißem Zucker besitzt.

Kandis (weiß oder braun) sind grobe Zuckerkristalle, die durch langsames Auskristallisieren von Zuckerlösungen gewonnen werden.

LAGERBEDINGUNGEN

Trocken, sonst verklumpt der Zucker.

HALTBARKEIT

Weißer Zucker ist in seiner Lagerfähigkeit unbegrenzt. Er kann zur Konservierung anderer Lebensmittel eingesetzt werden, z. B. bei der Marmeladenherstellung. Ab einer Zuckerkonzentration von 60 % ist kein Schimmelbefall mehr möglich. Brauner Zucker kann bei zu feuchter Lagerung ein guter Nährboden für Bakterien sein.